에세이로 읽는
울산史 100장면

에세이로 읽는

울산 史 100장면

김잠출 저

수필과비평사

| 작가의 말 |

"어떻게 하면 좀더 쉽고 재미있게 지역사를 즐길 수 있을까?" 1980년대 중학교 국사 교사로 교단에 설 때부터 지금까지 이어져 온 나의 화두이자 과제이다.

역사학자도 아니고 연구자도 아니면서 왜 지역사를 공부하는가, 대중들은 여전히 '울산 지역사' 또는 '향토사'에 흥미도 관심도 없는데 말이다. 나의 대답은 늘 이랬다. "울산 사람이니까 울산 역사를 알고 전하는 게 내 의무이고 또 역사의 현장을 찾아가는 답사의 여정이 즐겁기 때문이다."

지역사의 대중화를 위한 작업으로 지역신문 연재를 선택했고 〈울산신문〉이 귀한 지면을 허락해 주었다. 그간의 원고에 보태고 수정해 이 책을 만들었다. 읽어 보면 좀더 울산을 알고 이해하고 더 나은 선택을 하는 데 작은 도움이 되리라 믿는다. 평가는 독자에게 맡기고 술이부작述而不作에 충실하려 했다. 에세이로 읽는 울산史라 차례대로 읽지 않아도 되고, 관심 있는 부분부터 골라 읽어도 된다.

한정된 지면에 쓰다 보니 여러 사료의 원문을 과감히 생략했다. 자료는 앞선 연구자들의 해석과 국사편찬위원회의 《한국사데이터베이스》,

국립중앙도서관의 자료 등을 참고하거나 인용했지만 일일이 출처를 밝히지 않음을 널리 양해해주기 바란다. 아무쪼록 울산의 역사 조각을 맞춰가면서 "이런 일이 있었나." "이래서 울산이구나." 정도의 공감을 해 준다면 더이상 바랄 게 없겠다.

 2024년부터 울산신문에 연재한 〈소소한 울산사 에세이〉를 수정 보완하다 보니 글의 순서를 시대별로 장을 나누고 해당 장에 어울리는 소주제를 맞춰 원고를 배열했다. 출판을 지원해 주신 울산광역시와 울산문화관광재단에 감사드린다.

2025년 11월
태화강변 茶淵齋에서
김잠출

| 차례 |

04 작가의 말

01 UNESCO 세계인류문화유산 〈반구천 암각화〉

12 지금은 반구천의 시간
15 돌피리를 부는 사나이
18 울산은 화랑도의 성지
21 반구천에서 어반아트(Urban Art)로
24 반구천, 한민족 7천 년 활 DNA의 시원
27 천전리 돌에 새긴 사랑의 맹세

02 고대의 울산

32 강동은 신생대 화석의 보고
35 울산에 고구려 피라미드가 있다
38 오리는 물과 땅, 하늘을 자유롭게 오가니
41 경순왕이 울산에 온 까닭은
44 신암리 비너스
47 운흥사의 각수승 연희
50 울산의 마애불, 방바아 부처
53 쓸쓸하나 아름다운 간월사지
56 경계를 새긴 돌, 상천리 국장생석표

| 59 | 반고사, 원효의 첫 수행터였다 |
| 62 | 장천사 승려가 만든 보물, 국청사 청동북 |

03　고려와 조선시대의 울산

66	쇠돌이가 사라졌다
69	조선 충신 엄흥도, 울산에 오다
72	조선의 첩보원 이겸수
75	서생포 왜성에서 떠올린 인연과 보은
78	울산과 언양의 민폐소
81	불의와 부정부패에 항거한 울산 사람들
84	조선 최초로 대對 서양전을 승리한 김기명
87	세종이 무한 신뢰한 이예
90	기록으로 본 울산의 자연재해
93	울산의 재팬타운 '염포'
96	눈 떠보니 홋카이도
99	세종실록 지리지 50P 셋째 줄
102	정택경, "백성 사랑에 상하가 어딨소"
105	의병장이 된 울산의 백정과 노비
108	울산에도 조선 왕실의 태실이 있었다
111	호랑이 사냥으로 벼슬을 얻은 사나이
114	다산이 본 '태화강 살인사건'
117	태화강 연지와 남포호는 어디인가

120 얼어죽을 놈의 열녀 타령

123 왕조시대 울산의 진상품

126 울산의 해상의병

129 용서 못할 강상죄와 장오죄

132 효심의 난, 초전은 울산 땅이었다

135 울산 향약 언양 향약

138 왕은 왜 고래수염을 선물했을까

141 '조선의 포도대장' 장붕익, 병영에 오다

144 1787년 울산 어부들의 울릉도 잠입사건

04 근대 울산

148 사라질 울산 근현대사-아! 삼일회관이여 (1)

151 사라질 울산 근현대사-아! 삼일회관이여 (2)

154 근대신문에 비친 울산비행장

157 눈물의 역전驛前, 만주 이민 가는 길

160 고복수, 1930년대 판 미스터 트롯 탑3였다

163 고래를 찾아 장생포에 온 이방인

166 또 하나의 징용, 조선인 '미하리'의 비애

169 가미카제와 황군이 된 울산 청년들

172 방어진은 근대 울산의 효시였다

175 언양의 조선인 축살사건

178 울산의 신사神祠

- 181 역사에 기록된 '울산海'
- 184 울산의 봄은 동백섬에서 시작된다.
- 187 중구문화원의 역사와 장소성
- 190 김울산, 혁신기생에서 기부의 여왕으로
- 193 커피를 처음 마신 울산 사람은 누구일까
- 196 대동 사회를 꿈꾼 금광왕 이종만
- 199 울산에서 발견된 '동경이'와 '췱소'
- 202 영욕의 학성공원
- 205 4월의 울산독립운동

05　Who What When Where Why 그리고 How

- 210 고래논에서 성경의 요나를 생각하다
- 213 남목 호랑이, 단원의 〈맹호도〉 모델이 되다
- 216 울산 설화에 남은 기독교 전래 흔적
- 219 선정비, 돌에 새긴 백성의 마음
- 222 비밀의 문을 연 울산 사람들
- 225 남동초 북연민
- 228 축구영웅 최성곤, 국대 1호 골의 주인공
- 231 울산 현대사의 빛과 그림자
- 234 울산의 노동요 '모심기 노래'
- 237 오월이라 단옷날에(마두희)
- 240 울산의 두모악 (1)

243 울산의 두모악 (2)

246 정화와 벽사의 퍼포먼스, 울산 매귀악

249 울산 마치와 보시다 마츠리

252 안녕! 영등할매

255 울산의 실로암, 초정약수

258 코스모폴리탄을 자처한 무용가 박영인

261 대통령의 삽

264 문화재가 된 울산의 일기

267 백년몽을 지닌 삼호교

270 강동의 천년 미역바위

273 마성과 포니자동차

276 환하게 글자를 비추는 울산전복

279 울산의 역사를 지켜 온 활만송

06 울주 1000년 울산 600년

284 울주 천년 울산 600년

287 거도와 장토의 마숙놀이

290 '언양'이란 땅이름

293 마등오는 어디인가

제 **1** 부

UNESCO 세계인류문화유산
〈반구천 암각화〉

지금은 반구천의 시간

 진짜 '반구천의 시간'이 시작됐다. 울산 울주 '반구천의 암각화'가 2025년 7월 12일, 유네스코 세계유산으로 등재되었다. '반구대암각화'와 '천전리 명문과 암각화'를 아우르는 반구천의 암각화(Petroglyphs along the Bangucheon Stream)가 인류문화유산으로 인정받은 것이다.
 두 암각화는 우리 선사 문화의 대표작으로 평가받는 유산으로 국보 중의 국보이다. 반구천은 한반도 선사 문화의 1번지이다. 두 암각화는 우리나라 세계문화유산 등재 17개 가운데 가장 오랜 역사를 지녔다. 유네스코 세계유산위원회는 평가 결과를 토대로 "반구천의 암각화는 선사시대부터 약 6천 년에 걸쳐 지속된 암각화의 전통을 증명하는 독보적인 증거"라고 의미를 부여하고, "탁월한 관찰력을 바탕으로 그려진 사실적인 그림과 독특한 구도는 한반도에 살았던 사람들의 예술성을 보여준다."라며 "선사인의 창의성으로 풀어낸 걸작"이라고 강조했다.

반구천을 걸으면 선사인들의 숨결이 살아 움직이고 있는 듯하다. 일출 직후나 오전 10시쯤엔 천전리 계곡을, 그리고 오후 서너 시쯤에 반구대암각화 앞에 서면 바위 그림들이 햇빛을 받아 더욱 생기를 띤다. 고래를 부르는 돌피리 소리가 들리고, 신석기인들이 바위에서 튀어나와 돌도끼 춤을 펼쳐 보이기도 한다. 북향인 반구대암각화는 3월 말부터 늦은 오후에 햇빛을 가장 길게 머금는다.

1970년 12월 24일과 1971년 12월 25일, '크리스마스의 선물'처럼 우리에게 다가온 두 암각화는 7천 년 우리 미술의 시원이자 한국미의 근원이다. 신석기부터 연맹국가와 부족국가, 신라, 고려, 조선을 거치며 수많은 사람이 남긴 그림과 글자가 시대를 넘어 중첩되어 있다.

반구대암각화는 높이 2.7m, 너비 6m 바위 면에 312점의 그림이 새겨져 있는데 고래가 가장 많고, 호랑이·표범 등 육상 동물도 섬세하게 묘사했다. 고래 종류는 최소 7종이다. 분기공으로 물을 내뿜는 북방긴수염고래, 암수 구분이 선명한 혹등고래, 새끼를 등에 업은 어미고래와 새끼를 품은 고래 등이 다양한 모습으로 헤엄친다. 작살을 맞았거나 해체 중인 고래 등 한 바위 면에 50마리 이상의 고래가 새겨져 있다. 선단과 그물, 집단 포경작업 중인 사람들도 그려져 있어 당시 선사인들의 관찰력과 울산 장생포 고래잡이 전통을 엿보게 한다. 세계 최초의 포경 기록이란 평가를 받는 반구대암각화는 태화강의 지류인 반구천에 놓여 있는데 장생포와 20km 정도 떨어져 있는 육지이지만 수천 년 전에는 이 일대가 바다였다는 해석이 많다. 울산 바다는 신라 때부터 '고래의 바다' 즉 경해鯨海라 불렀다. 특히 장생포 앞바다는 귀신고래가 새끼를 낳기 위해 이동하는 필수 경로였다. 흔한 말로 '고래 천지'인 바다였다.

천전리 명문과 암각화는 높이 약 2.7m, 너비 10m 바위에 620여 점의 도형과 글자가 새겨진 청동기와 신라 시대 작품이다. 추상적인 문양부터 6세기 신라 법흥왕 때 명문까지, 화랑과 왕족, 승려와 귀족들의 이름과 그들의 사랑, 직업, 행차 목적이 드러나 당시 사회상을 밝히는데 귀중한 자료이다.

반구천 돌에 새겨진 활과 고래, 각종 악기와 수렵행위 그리고 주민들의 집단 제사 장면은 우리 민족이 일찍부터 자연과 공존하며 생명의 이치를 깨달았음을 증명한다. 어찌 보면 현대의 해부학, 분류학, 민속학, 기하학, 해양공학, 지형학, 천문학의 원류이기도 하고 거대한 인류의 도서관인 셈이다.

돌피리를 부는 사나이

"1옥타브 이상의 고음은 치유의 음이자 신비한 소리, 영혼의 소리다." "해녀들의 숨비소리와 유사하다. 높은 주파수에 가냘프며 신비한 소리는 곧 고래의 소리이다." 돌피리 소리를 처음 들어 본 사람들이 한결같이 신기하다는 반응과 공명을 전해왔다.

2015년 5월 27일, 울산대 고래 문화 세미나장에 반구대암각화의 '돌피리 부는 사나이'가 나타났다. 암전된 객석 맨 끝에서 핀 조명을 받으며 한 남자가 '돌피리'를 불며 무대로 걸어 나갔다. 시카고에서 온 김성규 선생이다. 객석에선 또 다른 사람이 돌피리 이중주를 선보였다. 수백만 년 전 화산재가 돌이 되고 그 속에 있던 작은 갑각류나 조개류의 사체가 탈각하면서 구멍을 내 만든 돌피리를 처음 선보인 순간이었다. 반구대암각화의 인물상은 서로 다른 자세를 취하고 손과 허리에 악기나 활, 무기 따위를 휴대하고 있다. 손을 이마에 대고 멀리 망을 보는 남자는 허리춤 중간이 불룩하게 돌출되어 있다. 단검을 찼거나 과장된 남근이라고 해석해 왔다. 김 선생은 '돌피리를 허리에 찬 모양'이라고 했다. 호주나 뉴질랜드, 미국 시애틀 올림픽마운틴 해안의 마카 인디언들은 지금도 돌피리 연주로 고래를 불러 모은다며 반구대인들도 돌피리로 고래를 불렀을 것이라 설명했다.

2015년 2월, 김 선생과 함께 포항과 울주군 진하 바닷가에서 돌피리 탐사를 했다. 포항해변은 돌피리 집산지였고 진하에선 두 개의 돌피리를 찾았다. 수집한 돌피리를 손질해 입술을 구멍에 대고 불어 보았다. 손가락으로 구멍을 닫았다 열었다 하는 순간 신비한 소리가 들렸다. 마치 어미 고래가 새끼를 부르는 소리인 듯하고 새끼들이 친구와 물장난을 치며 사람을 따라오는 느낌이 들었다. 인공이 전혀 가미되지 않은 원시 악기인 돌피리에서 반구대인들의 고래 부르는 소리가 재현되는 것이라 착각했다.

일본의 신사에서 지금도 신을 부르거나 신을 보낼 때 돌피리 연주를 한다. 공이나 계란형에 두서넛 구멍이 난 돌을 그들은 석적(石笛 또는 岩笛)이라 부르고 인터넷 판매도 활발하다. 전문 연주자도 있고 연주 교습 앱도 출시됐다. 교토나 와가산현 등 일부 신사의 제의 순서에 선인(仙人, 돌피리 연주자)의 연주가 들어있다. 우리가 돌피리를 잊고 있는 동안 일본은 이미 약 5,000년 전 죠몽시대 유적에서 발굴한 가장 오래된 돌피리를 보유하며 신과의 대화, 사람과 신을 연결하는 신성한 악기로 숭상해 온 것이다. 아메리카 인디언들도 'Stone Flute', 'Stone Whistle'이라는 피리가 있고 아스텍인들은 흙으로 만든 'Clay Whistle'을 자랑한다. 모두 오카리나의 기원이다. 우리나라의 가장 오래되고 유일한 돌피리는 김해에서 발굴한 5세기 가야시대의 것으로 현재 부산대 박물관이 소장하고 있다.

반구대암각화는 우리나라에서 가장 오래된 선사시대 암각화 유적이자 인류 최초의 포경 유적이다. 다수가 고래와 동물상, 도구에 주목할 때 누구는 인물상에 더 집중한다. 인물은 무당이나 포수, 영매靈媒로 추정한다. 그들이 연주하는 악기는 돌피리나 딩각, 켈프-혼이다.

울산은 화랑도의 성지

제33회 파리 올림픽이 끝났다. 32개 종목, 329개 경기에서 우리나라는 금메달 13개로 종합 8위를 차지했다. 놀라운 성적이다. 특히 총으로 3개, 칼로 2개, 활로 5개, 세 종목에서 금메달 10개를 수확해 언론이 '총, 칼, 활의 민족'이란 말잔치를 벌였다. 밀리언셀러 '총, 균, 쇠'를 패러디한 것이라 개운찮다. 오히려 '화랑 DNA' 덕이라 해야겠다. 대한민국은 화랑 아카데미의 산실이었고 총 칼 활은 화랑 아카데미의 커리큘럼 일부였다. 화랑들에겐 놀이와 심신단련의 도구였고 전쟁에서 승리를 위한 필수적인 병기였다.

화랑도는 신라 시대 화랑과 그를 따르는 낭도로 구성된 청소년 집단을 말한다. 그들은 15~18세의 '꽃처럼 아름다운 사내들' '꽃미남들' '꽃미남 아이돌'이었다. 국선國仙 화판花判 선랑仙郎 풍월주風月主라 불리기도 했다. 함께 수련하고 가무를 즐기며 산천을 유람했고 삼한통일 전쟁에서 리더로서 중요한 역할을 했다. 잘생기고 머리 좋은 명문가 자녀인데 인격과 공부, 운동과 무예 실력까지 갖췄으니 지금의 '금수저' 이상이라 더이상 말해 무엇하랴. 거기다 지도력과 소통에 뛰어나 무리를 이끌고 전쟁에서 공을 세우니 문무 겸비의 최고·최상의 청소년 모델이었다.

신라 시대 영남알프스와 태화강 일대는 화랑도의 원픽 여행지로 심신을 단련하고 목표를 이루는 데 최적의 장소였다. 국토를 순례하며 유람과 풍류를 즐기고 호연지기를 기르며 가슬갑사에서 세속오계를 전수받았다. 그들이 울산에 온 목적지 가운데 가슬갑사도 정해져 있었다. 세속오계를 받기 위함이었다. 가슬갑사는 영남알프스에서 화랑과 가장 인연이 깊은 곳이다. 원광법사가 사량부 화랑 귀산과 추항에게 세속오계를 전한 곳이다.

가슬갑사의 위치 비정은 아직도 완전히 해결되지 않았다. 김유신이 수련한 단석산과 화랑의 수련지 천전리와 함께 태화강 일대의 화랑 성지가 인접해 있다는 정도로만 안다. 여러 문헌에 가슬갑사가 울산에 있었다고 돼 있어 참고할 뿐이다. 《언양읍지》와 《언양 고지도》에 "운문령이라 부르던 가슬치가 언양현에 있었다."라고 했고 《울산·언양읍지(1934)》는 가슬사를 울산 행정구역에 넣었다. 《울산지명사(1986)》는 "가슬갑사는 울산에 있었다.", 《상북읍지》는 "운문산 또는 운문재를 일명 가슬현이고 운문재의 상북쪽 가슬현에 가슬갑사가 있었다."

고 기록했다. 《삼국유사》는 "운문사 동쪽 9천 보 가량 되는 곳에 加西岾이 있는데 혹 가슬현이라고 한다. 고개 북동쪽에 절터가 있으니 가슬갑사다."라고 기술하고 있다.

화랑의 흔적이 가장 많이 남은 곳은 태화강 상류, 반구천(대곡천)의 천전리 명문과 암각화이다. 신라 시대 명문(하단부 追銘)에 "戌年六月二日永郎成業"이란 10자가 새겨져 있다. '화랑 영랑이 정한 수련을 마치고 목표를 달성했다.'는 말이다. 이밖에 水品, 欽純, 好世 등 불세출의 화랑과 法民郎 文欽郎 阿郎 夫帥郎 沖陽郎 聖林郎 法惠郎 柒陵郎 金仔郎 渚峯郎 山郎 阿號花郎 大郎 貞光郎 峯兄林元郎 官郎 金郎 등 수많은 이름이 새겨져 있다.

영랑은 신라 효소왕 대 화랑으로 술랑述郎·남랑南郎·안상安詳 등과 4선으로 불렸다. 출생과 사망 연도, 출생지 모두 미상이다. "신라 역대의 화랑도 중 사선이 가장 현명하였다."(海東高僧傳) "3,000여 명의 화랑 중 사선 문도가 가장 번성하였다."(파한집) 법민랑은 삼국 통일의 대업을 이룬 문무왕의 화랑 시절 이름이고 흠순은 김유신 동생이다.

반구천의 천전리 계곡은 오늘날 청소년 수련도장으로 재활용해도 좋은 그런 역사적 인연이 가득하다. 신라의 화랑들이 호연지기를 기르는 데 최적의 장소로 선택한 데는 그만한 이유가 있었다.

반구천에서 어반아트(Urban Art)로

반구천 암각화를 보면 선사인들의 예술적 감각이 보인다. 엄숙하고 성스러운 공간이었던 만큼 신비로운 느낌도 다가온다. 암각화에 담긴 상징과 의미를 해석하는 것도 흥미롭다. 오늘에 사는 예술가라면 7천 년에서 2천 년 전 사람들의 아득한 메시지를 활용해 '21세기 작 암각화'를 남겨야 하지 않을까.

1987년 양희성 작가의 〈원시 회귀〉 시리즈는 지역에 신선한 충격을 던졌다. 신성한 공간, 선사인들의 예술, 국보 등의 키워드에 가려 그저 바라만 보던 문화재 '반구대암각화'를 미술 소재로 한 최초의 시도였기 때문이다. 그 뒤로 울산과 전국의 예술인들이 그림, 판화, 사진, 수필, 시, 소설 등의 분야에서 '반구대 붐'을 잠깐 일으켰다. 하지만 마음 한 구석이 허전했다. 재현과 모방, 모사만이 줄을 이었고 지금, 여기, 이곳의 문화 수준과 무슨 상관이 있는지 궁금했다. 체본을 그대로 베끼는 행위는 창작이 아니듯이 온전한 모방은 프린트나 AI가 만든 작품에 지나지 않았다. 새롭게 해석하고 현재의 시대 정신을 담아 다소 낯설거나 전복의 이미지를 품은 작품이 보고 싶었다. 전통의 변용과 재해석으로 마침내 '시대의 혼이 담긴 작품'이 탄생하길 바라며 실험과 혁신을 갈망했다.

〈원시 회귀〉 후 37년 만에 울산시립미술관이 답을 제시했다. 잊었던 감성, 영감을 일깨워 주니 나도 모르게 "이것이 현대미술이다."라고 외쳤다. 시립미술관이 지난 6월 〈반구천에서 어반아트로〉를 선보였다. 세퍼드 페어리, 존원, 제프 쿤스 등의 작품 200여 점이다. 어반아트는 1970년대 뉴욕 사우스브롱스 지역의 그라피티에서 시작된 예술 장르다. Street Art에 graffiti를 결합한 현대미술이다. 이들 작가는 실천 행위를 지향한다. 키스 해링과 뱅크시, 바스키야 등이 어반 아티스트로 세계적인 명성을 얻고 있다. 낯에 익은 듯 낯선 그라피티 작품들을 보면서 8명의 작가가 말하고자 하는 창작 의도를 짐작해 보고 어반아트와 반구천 암각화의 연결고리를 찾아보는 것도 재미난 일이다.

반구대암각화를 예술작품으로 재탄생한 것은 1978년 김창락 화백의 '반구대 풍요제'가 최초였다. 한국적 사실주의 회화의 선구자 김 화백이 암각화 발견 후 7년 만에 300호 대작을 그렸다. 정부가 주도한 '민족기록화 사업'의 목적으로 관의 주문 제작이었다. 60여 명의 선사인들이 다양한 모습으로 등장한다. 작은 배로 절벽에 다가서 사다리를 놓고 바위 그림을 새기는 장면과 멧돼지를 제물로 얹은 바위 제단에서 여성 사제가 방울과 대나무를 들고 춤추는 장면이 있고 활도 3개나 그려져 눈길을 끈다.

 겸재도 반구대를 그렸다. 정선의 '반구'는 250여 년 만인 2008년에 알려졌다. 조선의 회화 애호가인 권섭이 소장한 8쪽짜리 〈공회첩孔懷帖〉에 실린 것이다. 2017년엔 겸재의 화첩 〈교남명승첩〉에 '언양 반구대'라고 적힌 그림 한 점이 또 발견됐다. 영남지방 34개 지역 58개 명소를 그렸는데, '언양 반구대'가 포함된 것이다. 경주의 박대성 작가 그림도 같은 해 공개됐다. 당시 경주 엑스포 솔거미술관의 전시작 중에 포함된 '반구대 소견'인데 암각화를 모티브로 구상과 추상을 넘나드는 수묵의 세계를 완성했다.

 우리는 모두 '낙서하는 인류'의 후예이다. 반구천 암각화는 어반아트의 기원이다.

반구천, 한민족 7천 년 활 DNA의 시원

1645년 을유년(인조 23년) 6월 14일. 함경북도 회령의 국경수비대 진영 남문루. 최고 책임자인 부사와 청나라 관리 앞에서 장교들이 활쏘기 시합을 벌였다. 병사들이 진을 치고 긴장 속에 모두 과녁을 주시했다. 울산에서 온 남방장사인 출신 군관(무과 급제한 초급장교) 박취문과 토착 군관 허정도 등 4명이 편을 갈라 사수로 나서 차례로 10순(50발)씩 쏘았다. 전원 백발백중이었다. 쏘기만 하면 명중이니 청 관리가 재미없다며 부사와 의논해 룰을 바꿨다. "이제부터 관곡(貫鵠, 과녁의 정중앙 검은 점을 꿰뚫는 엑스텐, 과녁 카메라 렌즈가 박힌 구멍)에 명중한 것만 점수로 계산한다."

모두 받아들였다. 박취문이 먼저 10순을 쏘아 모두 명중. 관곡에 46발이 꽂혔다. 이어 허정도가 50발 명중에 관곡 44발. 박이돈은 50발

명중에 관곡 36발이었고 마지막에 박경간이 관곡에 35발을 명중시켰지만 꼴찌였다. 꼴찌는 광대 복장을 하고 일어서서 춤을 추는 벌을 받았다. 번외로 청나라 군사들이 4·5순을 쏘았으나 명중시키는 자는 하나도 없었다. 부사는 장원인 박취문을 최고라고 추켜세우며 백별선白別扇 1자루와 참빗 1개를 부상으로 주었다.

 활 하면 주몽이나 이성계, 이순신 장군을 떠올리지만 17세기 조선 최고(곧 세계 최고)의 신궁은 박계숙·박취문 부자였다. 〈부북일기〉에는 활 시합과 연습, 우승기록이 수십 번 나온다. 거의 사흘에 한 번은 활을 쏘거나 시합을 했다. 하루에 200발 연속 쏘기를 해 모두 명중시킨 날도 있었다. 박 부자는 거의 매번 50발 모두 명중시켰으니 충무공께는 좀 미안할 정도다.

 '반구대암각화'와 '천전리 명문과 암각화'라는 국보에 '활쏘기 그림' 4점이 확인됐다. 나름대로 실감이 나게 그렸다. 그림을 하나하나를 보면 시위를 당기는 만작 순간의 팽팽한 기운이 잘 살아난다. 궁사의 상체가 뒤로 약간 기울었고 신체의 앞뒤 균형을 맞추기 위해 어깨가 뒤로 빠져있는 그림과 가까운 목표물을 겨누는지 화살대의 방향이 수평선인 그림도 있다. 깍짓손을 정확히 화살대 연장선 방향으로 중구미(활을 쏠 때, 활을 잡은 팔의 팔꿈치)를 치켜든 모습도 보인다.

 천전리와 반구대의 암각화 중 활쏘기 그림은 이곳이 신성한 장소임을 증명할 뿐 아니라 고구려 고분벽화의 활쏘기 그림이 시원이라는 기존 학설을 뒤엎는다. 우리 민족의 활쏘기 역사는 반구천에 남은 그림으로 7,000여 년 전까지 끌어올릴 수 있게 됐다.

'중국은 창, 조선은 활, 일본은 칼, 여진 거란 몽골은 기병'의 명수였다. 우리 민족은 '최종 병기 활' '동이족'이란 말이 회자할 정도로 활을 즐겨 사용했고 명수였다. 중국이 우리 민족을 동이족이라 칭한 것은 "큰 활을 잘 다루는 동쪽 민족"이란 뜻이다. (夷=큰 大+활 弓) 이성계는 한족을 벌벌 떨게 한 신궁이었고 임금들도 명궁이었다. 정조는 50발 쏘아 49발을 맞췄다. 1발은 잘 못 쏘는 신하를 배려해 일부러 엉뚱한 곳으로 날렸다. 부채나 곤봉을 표적 삼아 활을 쏘는 연습을 하기도 했다. 20대의 선조는 50발 중 45발을 명중시켰다. 세종대왕은 다연발 로켓포(신기전)를 개발했다. 현대의 미사일 '천궁'의 모태였다. 우리 민족의 피에는 활의 전통이 흐르고 반구천 활 그림이 최초의 활쏘기 기록이다. 한민족 활 DNA의 기원은 '울산, 울산인' '반구천의 암각화'였다

문화유산은 바라보며 감탄하는 대상으로 그쳐선 안 된다. 새로운 문화 콘텐츠의 창출로 이어져 문화산업의 다양성을 증대시키는 일, 활용이 곧 보존이다. 그래야 생명을 얻는다. 울산시가 '반구천의 암각화 활쏘기 세계대회'를 위한 시위를 당겼다. 이것이 실사구시다.

천전리 돌에 새긴 사랑의 맹세

525년(법흥왕 12) 6월 18일(음) 새벽. 경치 좋은 천전리 계곡에 신라의 권력자인 갈문왕과 누이友妹 등 왕족들이 분주하게 움직이고 있었다. 연화산 아래 반구천(대곡천)이 펼쳐져 있고 물 건너엔 공룡들의 놀이 흔적이 남아 있던 영험하고 신성한 공간이었다. 흐르는 물은 돌에 부딪혀 콸콸 소리를 내고 상쾌한 공기가 일행을 오롯이 감쌌다. 이곳은 오래된 골짜기이지만 이름이 없었는데 갈문왕과 누이가 좋은 돌을 얻어 글을 썼다. 골짜기 이름을 서석곡書石谷이라 정하고 비스듬한 바위에 글을 새겼다. 밀월여행 온 둘이 사랑의 맹세를 남긴 것인지, 피서를 온 것인지 아직 정확히 모른다. 신라 왕족이 반구천을 처음 방문하고 남긴 흔적이다. 갈문왕은 훗날 신라 최고의 정복왕인 진흥왕의 아버지이자 진흥왕 어머니의 삼촌이고 남편이었던 사부지徙夫知였다.

우매, 벗 같은 누이는 아름다운 덕을 지닌 밝고 신묘한 분이라, 이름은 어사추여랑於史鄒女郎이다. 골짜기에 이름을 새기고 사연을 돌에 새긴 둘은 수행원을 물리치고 반구천을 걸으며 새벽 데이트를 즐겼다. 영원한 사랑, 돌에 새긴 사랑의 서약을 하고 나니 그저 행복했으리라. 각종 문양이 새겨진 신기한 바위를 발견하고 자신들의 사랑의 흔적을 남기기 위한 글을 새기고 싶었던 것일까. (書石은 誓石의 또 다른 이름이다. 울산의 지명 가운데 신라 왕족이 지은 최초이자 유일한 지명이다.)

둘의 사랑은 오래가지 못하고 해피엔딩도 아니었다. 누이가 먼저 죽고 갈문왕도 죽었다는 기록을 옆에 새겨 놓았다. 부인과 아들이 훗날 같은 곳을 찾아왔다, 539년 7월 3일(음). 갈문왕과 우매가 사랑의 맹세를 돌에 새긴 지 14년 후였다. 진흥왕의 어머니 지몰시혜비只沒尸兮妃와 큰어머니이자 외할머니인 법흥왕비 부걸지비夫乞支妃 보도부인이 어린 왕자 심맥부지를 데리고 천전리 각석 앞에 섰다. 경주에서 천전 계곡에 온 이유가 아들이 왕자로 정해진 것을 남편에게 고하기 위해서인지 어머니와 큰어머니가 권력 투쟁에서 승리한 것을 기념하기 위해서인지는 모른다. (촌수가 복잡한 것은 신라 왕실의 혼인 방식인 근친혼 때문이다. 사부지 갈문왕은 법흥왕의 동생이면서 형의 딸인 지몰시혜와 혼인해 진흥왕을 낳았다. 법흥왕(另卽智太王)은 진흥왕의 큰아버지이자 외조부이다.) 540년 일곱 살인 심맥부지深麥夫知가 신라 24대 왕위에 즉위했다. 1년 전 여섯 살 때 천전리 계곡을 찾았던 주인공이다. 훗날 신라의 정복왕으로 영토를 넓힌 진흥왕이다.

울산시 울주군 두동면 천전리 산 210-2. 1,500년 전, 신라 왕실의 러브스토리가 남겨져 있는 곳이다. 주인공은 왕의 동생과 사촌쯤 되는 오누이였다. 전문가들은 300여 자의 천전리 명문이 고대 신라 왕실의 근친혼과 권력 관계, 사회상을 알려준다고 해석한다. 원명과 추명으로 구성돼 있는데 발견된 지 한참 뒤, 바위에 새겨진 글자 속에 있는 오누이의 러브스토리를 해석했다.

'우매'는 친구이자 누이, 사촌 남매 정도의 친족이고 정혼한 여성이기도 하다. 지금의 가치관으로 재단하면 안 된다. 지금은 허락되지 않는 금단의 사랑이지만 고대 신라 왕실에서 근친혼은 특별한 일이 아니었다. 천전리에 남은 왕실의 로맨스와 깨진 연유를 상상하는 것은 우리의 몫이다. 사랑하는 누이와 영원을 맹세했던 갈문왕은 조카와 결혼했다.

고대 금석문은 단편적인 기록이지만 당시 사람들이 작성했고 기록에 없는 팩트를 전하니 대단한 가치가 있다. 짧은 명문과 단순한 그림을 보며 옛사람들과 대화하고 문헌의 기록이 놓친 역사의 공백을 메운다. 천전리 명문과 암각화는 신석기, 청동기인들과 신라인들이 남겨놓은 역사책이자 취재 수첩이었고, 누군가의 일기장이자 야외 방명록이었다.

제 2 부

고대의 울산

강동은 신생대 화석의 보고

　울산에 공룡이 살았던 시기가 있었다. 지금으로부터 약 1억 년 전이라 한다. 당시 울산은 건기와 우기가 반복되는 기후였는데 충적평원이 넓게 펼쳐져 다양한 중생대 식생들이 자라고 있었다. 특히 반구천(대곡천) 너머 먼 곳의 산에서는 크고 작은 화산이 활발하게 활동하고 있었고, 자연 하천이나 강들이 호수의 수계와 연결되어 흐르고 있었다. 공룡들은 물을 먹거나 먹이를 찾아 부드러운 진흙으로 구성된 강이나 호수, 하천의 퇴적물들을 밟으며 지나갔다. 반구천과 태화강 중하류에 남아 있는 공룡과 새 발자국은 약 1억 년이라는 오랜 시간 동안 화석이 돼 암석에 남게 된 것이다.
　울산에 있는 공룡 발자국 화석 산지는 17곳으로 그중 11곳이 반구천 암각화군 일원에 있다. 반구대암각화 아래 암석에도 80여 개의 공룡 발자국이 발견되었다. 언양 무동 인근 문수산 충골, 범서 진목 강변의 바위, 유곡동 화석이 가장 많이 알려져 있다. 그러고 보니 울산의 공룡 유적은 대부분 태화강수계를 따라 분포한다.

'울산'이란 지명이 공룡 이름에도 들어있다. 아시아 최초로 발견된 수생 파충류 코리스토데라의 발자국 화석인 '노바페스 울산 엔시스'. 라틴어로 '울산에서 새롭게 발견된 발자국'이란 뜻이다. 2018년 반구대암각화 아래 기반암에서 18개의 발자국이 발견됐고, 2020년 국립문화재연구소에서 국제학술지에 발표하면서 학명에 울산 지명이 포함됐다.

선사 유적이나 자연유산을 보면 지질학적으로 울산이 얼마나 오래된 땅인가 짐작할 수 있다. 북구 무룡산 동편의 수많은 산과 골짜기, 물길이 난 곳을 비롯해 강동~경주 양남, 양북, 영일과 포항에 이르는 지역이 한반도에서 신생대 퇴적암층이 가장 두텁게 분포하는 곳이다. 이곳은 이미 수백 종의 바다 생물과 육지 식물 화석이 무더기로 발견돼 화석의 왕국이라 불린다. 구남, 신전, 장등, 산하, 화암 등 북구 강동동 일대 마을은 중생대 백악기 때 형성돼 신생대 지층까지 아우르고 있어 '신생대 화석의 보고'라고도 한다.

강동 신현 화석은 일본 강점기에 발견돼 일부는 일본으로 반출됐다. 부산일보(1916. 4. 2)는 '蛤貝 화석 풍부'란 제목의 기사에서 강동 농소 일대 조개화석이 많이 발굴돼 지질학상 귀중한 참고 자료가 될 것이라며 박물학 표본으로 쓰기 위해 이마무라 박사 등이 채집해 가져갔다고 보도했다. 또 매일신보(1934. 1. 26.)는 천연기념물 지정을 서둘러야 한다고 주문했다.

이러한 강동은 울산에서 가장 오랜 '땅의 역사'를 간직한 곳이다. 태화강수계 공룡 발자국과 함께 울산의 선사시대를 더 끌어 올릴 수 있는 화석 집합지이다. 구남 쟁밍골長命谷이나 신현동 삼밭골麻田에는 아직도 신생대 조개화석이 무더기로 드러나 있다. 조개류와 굴 등 연체동물 화석이 가장 많고 바위나 돌에 박혀 있거나 지표에 촘촘하게 박혀 있다. 회색이나 붉은 녹물 같은 색이고 콘크리트를 연상할 정도로 굳어 있다.

울산시는 2026년 국가 지질공원 인증을 준비 중이다. 울산 지질사를 끌어 올릴 수 있는 증거이자 각종 화석의 집합지인 강동의 화석군, 이곳만은 우리가 지켜야 할 자연사의 현장이다.

울산에 고구려 피라미드가 있다

 울주군 웅촌면 은현리 산 207-5번지에 있는 적석총은 아직도 풀지 못한 수수께끼다. 이는 '울산의 피라미드'라는 별칭으로 불리는 울산광역시 기념물 제8호인 무덤을 말한다. 적석총은 신라도 가야도 아닌 고구려 무덤 양식이니 피라미드형 적석총이 울산에 있다는 사실은 그 자체만으로도 흥미로운 소재다.
 국가유산청에 따르면 은현리 적석총은 최하단 기단부의 형태, 돌을 쌓아 올린 상태 및 높이 등으로 보아 원래 위쪽으로 오를수록 좁은 형태를 이루는 피라미드형으로 추정된다. 고구려 장군총, 강서대묘, 백제의 석촌동 3, 4호분과 비슷한 구조다. 적석총은 선사시대부터 역사시대의 고구려, 백제 초기에 나타나는 묘제의 한 가지로, 일정한 구역의 지면에 구덩이를 파거나 구덩이 없이 시체를 놓고 그 위에 돌로 쌓은 무덤이다. 고구려 초기에는 강돌을 주로 사용하다가 이후 깬 돌을 계단식으로 쌓아 올려 만들었다.

은현리 적석총은 마을 뒤 야산에 경사 10° 이내로 완만한 곳, 길가에 있다. 사람 머리 크기의 자연석으로 쌓아 만든 삼국시대 무덤이고, 붕괴로 확실한 구조는 알 수 없지만, 규모는 전체 길이 약 20m 내외, 높이 6m 정도이다. 돌은 대부분 자연석으로 큰 것은 65×60×20㎝, 중간 것은 55×40×23㎝, 작은 것은 23×14×7㎝ 정도로 다양하며, 전체 모습은 원형으로 보인다. 우시산국의 도읍이었던 웅촌에 남은 피라미드형 고구려 적석총은 누가, 누구를 묻은 것일까. 우시산국의 지배층이 고구려 계통이거나 무덤의 주인공 역시 고구려인이었을까. 의문이다. 경남 산청에 있는 가야 마지막 왕 구형왕 무덤도 피라미드형이고 경주 호우총 출토 유물 중에 고구려 관련 명문이 새겨진 '호우'가 있다. 또 광개토왕의 아들 장수왕은 포항 흥해지역까지 진출했으니 울산(우시산국)에도 고구려 남진 정책의 영향이 미쳤을 수도 있지 않았을까?

호우총壺杅塚은 경주의 무덤 가운데 광복 후 최초로 발굴됐다. 도굴되지 않은, 완전한 신라 무덤으로 발굴돼 대박을 터뜨렸다. '호우' 등 16자의 명문이 새겨진 청동 솥단지가 나와 호우총이라 이름 붙였다. 호우는 호壺 모양의 우杅이고 杅는 물을 담거나 국을 끓이는 그릇이고 호는 뚜껑있는 단지이다. 뚜껑을 닫았을 때 높이가 19.4cm 크기로 밑바닥 겉면에 '乙卯年國岡上廣開土地好太王壺杅十'이란 한자가 새겨져 있다. '乙卯年'(415년)은 광개토대왕 사후 2년, 장수왕 즉위 3년이다. 광개토대왕의 호우-제사용 제기를 만들었다는 뜻이다. 고구려 왕실의 제기가 경주에 묻힌 것은 광개토대왕 1주기 즈음, 신라 사신이 참석했다가 하사품으로 받아 왔다는 추론을 낳았다.

장수왕은 정복왕 광개토왕의 아들로 대제국을 꿈꾸며 남진 정책을 활발히 펼쳤던 정복 군주다. 북쪽으로 몽골 초원을 내달려 거란과 물길을 압박했고, 서쪽의 요서에서 북연의 투항을 받아내고, 남으로 한강 유역과 충청, 경상 일대와 왜를 정복하기 위해 왕성한 군사 활동을 벌였다. 장수왕은 고구려 말발굽이 닿지 않은 곳이 거의 없을 정도로 한반도 남부를 휩쓸었다. 475년 3만의 고구려 병력이 백제의 발상지이자 한반도의 핵인 한강 일대를 무참히 짓밟아 개로왕을 처형하고 이후 대전, 남원까지 제압했다. 481년 3월엔 신라 수도의 턱밑인 흥해(경주 북쪽)까지 진입했다. 신라는 수도가 불타기 직전에 내몰렸다. 흥해에 온 고구려군이 은현리 적석총을 만들었을 것이다. 경주나 일본에 있는 북방계 민족의 무덤이 같은 시기에 만들어졌고 광개토대왕 비문도 비슷한 내용을 알려준다. 한반도 남단 은현리의 고구려 피라미드. 피장자가 현지 원주민인지 고구려계 이주민인지 단정하기 어렵지만 우시산국 건국 과정이나 지배층을 이해하는 데 중요한 열쇠인 것은 틀림없다.

오리는 물과 땅, 하늘을 자유롭게 오가니

 "죽은 자는 큰 새의 깃털을 가지고 보내는데, 그 뜻은 죽은 자가 날아가도록 하기 위함이다."(삼국지 위서 동이전 변진조) 고대인들은 죽은 자의 영혼을 천상으로 인도하거나 봄에 새가 곡식의 씨앗을 물어다 준다는 이른바 '鳥靈信仰'을 믿었다. 삼한 시대 울산을 비롯한 낙동강 유역 고분에서 출토된 오리형 토기가 그 흔적이다. 오리가 망자의 영혼을 천상으로 인도한다고 믿고, 죽은 이의 영혼을 달래고 새로운 탄생을 기원하는 의미에서 오리 모양 토기를 껴묻기도 했다. 오리는 물과 땅을 넘나들고 하늘을 날기도 하니 사후 세계로 영혼을 전달하는 매개체로는 제격이라 하늘과 땅, 물 삼계를 오가는 영물로 여겨 종교적 상징이 되었다.
 울산의 원삼국시대 신라 고분에서도 오리형 토기가 다수 출토되었다. 울주 웅촌면 대대리 하대유적, 중산동 유적, 대곡댐 4차 발굴 하삼정 고분군과 다운동 유적 등이다. 대곡박물관 천장에 오리 모빌을 걸어 놓은 것도 울산 유적에서 나온 대표적인 토기류 유물이기 때문이다.

특히 중산동 유적 목관묘에서 출토된 토기는 매우 정교하게 제작된 한 쌍이어서 주목된다. 토기 높이가 37.5㎝ 정도로 암수 짝을 맞췄다. 한 개의 토기 받침에 삼각형 모양의 구멍이 뚫려 있고 다른 쪽은 받침에 아무런 형상을 새기지 않아 밋밋하다. 몸통은 둘 다 비어 있어 액체를 담는 용기였고 등과 꼬리 부분에 구멍이 뚫려 있다.

일반적으로 오리형 토기는 3세기 후반 삼국시대의 토기로 경남 함안과 창녕, 경북 경주·현풍·김천 그리고 울산 등 낙동강 유역에서 많이 출토된다. 이를 통해서 낙동강 유역을 중심으로 한 가야와 일부 신라지역에서 토기를 많이 만들었던 것으로 해석한다.

조령 신앙은 기원전 2세기부터 9세기까지 북아시아 샤먼계의 일종으로 동부 몽골과 중국인이 동이東夷라고 칭했던 부여, 고구려, 동옥저에까지 퍼져 있었다. 그들은 새가 하늘의 계시를 수행한다고 믿었다. 알타이산맥 남쪽과 바이칼 지방에 근간을 둔 알타이족이 한반도에 유입되면서 그들로부터 이 신앙이 전래되었을 것으로 추측한다.

오리형 토기는 원삼국시대 제기에도 많이 쓰였다. 맵시 있는 오리형 그릇은 높직한 굽이 있어 듬직한 외모에 등과 꼬리에 구멍이 나 있는 경우도 있다. 대부분 제사 때 술 주전자 또는 퇴주용 그릇으로 사용된 것이라고 이해하면 된다.

　토기의 몸체는 오리인데 닭처럼 머리에 볏이 달려 있어 한때는 닭 모양 토기라고도 했다가 경주 사라리 유적에서 오리의 물갈퀴가 표현된 토기가 나와 오리형으로 확정했다. 이 토기의 특이한 점은 오리의 눈을 사람의 귀처럼 옆으로 돌출시켜 추상적 변형을 꾀했다는 것이다. 좀더 신비로운 오리라는 메시지를 담아 제의의 권위를 한층 높이는 효과를 노렸다.

　고대인들은 집 가까이 연못이나 무논에 청둥오리 같은 철새를 흔하게 접했다. 이 철새는 때맞춰 날아왔다가 때가 되면 날아간다. 자유롭게 천지수륙을 이동한다고 해서 하늘의 메신저로 여겼다. 오리형 토기에는 그들의 신앙이 내뿜는 에너지가 담겨있다.

　울산은 청동기 유물뿐 아니라 오리형 토기 등 원삼국시대와 철기시대의 다양한 토기를 보유한 선사 문화의 고장이다. 울산에서 전통옹기의 맥을 잇고 있는 것이 결코 우연이 아니었다.

경순왕이 울산에 온 까닭은

근대 이전 울산에 왕의 행차가 여러 번 있었다. 고려 성종이 경주에 갔다가 귀경길에 울산에 들러 태화루에서 연회를 베풀었고 신라 정복왕 진흥왕의 아버지 갈문왕이 누이 어사추여랑과 천전계곡에 들러 '돌에 새긴 맹세'를 확인하며 '書石谷'이라 명명했다. 그로부터 14년 후 7세의 진흥왕이 어머니와 함께 같은 장소를 찾았다. 신라 하대 헌강왕은 개운포에서 처용을 발탁했고 신라의 마지막 왕은 망국을 막으려고 몸부림치다 문수보살을 쫓아 태화강까지 왔다. 울산을 찾은 왕은 저마다 목적이 달랐지만, 지역사의 한 장면이자 중요 사건이었다. 울산은 예나 지금이나 나라의 부흥과 패망의 흔적을 지켜보며 흥망성쇠를 가늠하는 지역이었다.

《삼국유사》는 신라 최후의 왕 경순왕을 김부 대왕이라고 기록했다.

경순왕은 사후에 받은 시호이다. 경애왕과 경순왕 어머니가 모두 헌강왕의 딸이니 55대 경애왕과 이종사촌이다. 그는 신라를 고려에 바친 뒤 개성에서 사심관으로 지내다 최후를 맞았다. 울산 사람 중에 경순왕의 능을 본 사람은 거의 없을 것이다. 경주나 인근에 없기 때문인데 신라 왕릉 중 유일하게 경주를 벗어나 경기도 연천에 있다.

경순왕은 망국의 순간에 문수보살에게 매달렸다. 최후를 직감한 곳은 울산이었다. 태화강 삼호에서 세 번 탄식(三嘆)하며 문수보살을 애타게 부르고(三呼). 헛고개와 지잔(지지)을 넘어 망성과 삼탄 또는 삼호, 무거와 헐수정까지 뒤쫓았다. 울산은 비운의 왕과 신라 패망의 순간을 이렇게 기억했다.

삼호는 사군탄使君灘, 낭관호郞官湖, 해연蟹淵이라는 세 여울과 호湖에서 유래한 지명이다. 동자승으로 현신한 문수보살이 망성쯤에서 문수산으로 날아가 버려 "헛일이구나!" 하고 탄식했던 장소를 '헛고개'라 했고, 왕이 잠시 머무른 곳을 '지잔', 멍하니 문수산을 바라본 곳은 '망성'이라 이름했다. 동자승이 사라지고 없으니 '무거無去'요, 할 수 없다면서 완전히 체념한 곳은 '헐수정'이다. 당시 울산 사람들이 신라에 대한 애증이나 망국에 대한 안타까움이 어느 정도였는지 짐작할 만한 설화이다. 이런 정서는 절마다 경순왕과의 인연을 강조한 창건 설화에서도 나타난다. 연암 옥천암과 동구 화정동 월봉사, 성안의 백양사와 남암산의 김신암, 성불암 등이 그렇다. 또 무속인 중에 경순왕의 본명인 김부를 빌려 '짐부 대왕'을 모시는 일도 있다. 신라 천년의 운명이 울산에서 결정된 셈이니 수도에 버금가는 위상을 가진 지역이란 자부심도 작용했을 것이다. 설화의 탄생 배경이 그렇다는 말이다.

신라 패망사와 경순왕이 언급된 전설이나 설화가 울산에 많은 까닭은 왜일까. 경주 김씨 후손들의 세거가 많았던 영향이거나 문수보살의 현세 출현 기적에 기댄 불교 설화의 유형이라는 시각이 대세다. 당시 울산은 경주 못지않은 불국토였다. 민중들은 부처님이 사람으로 변해 기적을 일으켜 불쌍한 중생을 구제한다는 믿음을 가졌다. 그러니 경순왕이 현신한 문수보살을 진작 알아보고 지극정성 매달렸으면 신라가 망하지는 않았을 거라는 희망을 담고 애석하게 생각했을 것이다.

울산에 경순왕이 온 까닭을 생각하면 지혜의 왕 솔로몬의 탄식이 떠오른다. 세상에서 누릴 수 있는 모든 부귀영화와 권세를 다 가졌지만, 금은보화와 권력을 다 쓰지도 누리지도 못했다. 그는 이런 말을 남겼다. 경순왕도 헛고개에서 같은 말을 되뇌었을 것이다.

"Vanitas vanitatum et omnia vanitas" (태양 아래 영원한 것은 없다.)

인생이 그렇다. 의심의 여지없이 그렇다. 權不十年 花無十日紅이다. 계엄을 터뜨린 무지몽매한 혼군 부부는 이 말을 몰랐던 모양이다.

신암리 비너스

　유리 상자 안의 여인, 한 손에 쥐어도 될 작은 몸체지만 잘록한 허리와 풍성한 엉덩이-신석기 여인이다. 그날 국립중앙박물관 전시실에서 본 많은 유물 가운데 가장 반가운 대상이었다. 그 여인의 이름은 '신암리 여인상'이지만 흔히 신암리 비너스라고 부른다.
　비너스는 로마 신화에 나오는 미와 사랑의 여신이다. 그리스 신화의 아프로디테, 태양계의 두 번째 행성인 금성을 일컫는 단어이기도 하다. 밀로의 비너스상 이래 서양의 미인을 통칭할 때는 언제나 비너스가 기준이었다. 세계에서 가장 오래된 비너스상은 독일 빌렌도르프에서 1908년에 출토된 높이 11㎝의 여인조각상이다. 2만 2000~2만 4000년 전의 돌로 조각했다. 기형적으로 큰 엉덩이와 가슴, 이목구비가 전혀 표현되지 않은 얼굴 때문에 여성, 풍요와 다산의 상징으로 해석한다.

　신암리 비너스는 우리나라에서 출토된 비너스상 가운데 가장 오래되고 가장 대표적인 작품이다. 1974년 울산광역시 서생면 신암리 유적 제2지구(신암리 233일대 서생초등학교 구내)에서 출토되었다. 흙으로 빚었고 높이 3.6cm의 크기로 신석기시대 중기(4,500년 전) 것이라 한다. 얼굴과 다리 부분이 파손됐지만, 무엇보다 '여성스럽고 사실적인' 모습이 돋보인다. 잘록한 허리, 어깨보다 조금 넓은 풍성한 엉덩이, 포근하고 봉긋하게 올라온 젖무덤으로 봐서 다산과 풍요를 기원하기 위해 만든 아름다운 여인의 몸이라고 학계는 추정한다. 함경북도 청진 농포동유적에서도 신석기시대 여인상이 출토된 적이 있다.

　신암리 비너스는 사실 너무 작아 주의 깊게 들여다보지 않으면 정체를 알 수 없을 정도이다. 초라하다고 할 정도로 극치의 미는 아니다. 몸통만으로 된 흙 조각품이라 토르소(Torso)란 미완성 작품이나 그냥 인체 토우土偶라 해도 되겠다. 석기시대 사람들이 목걸이 펜던트(pendant)나 키링 장식용으로 만들었을 수도 있겠다. 상상은 자유다. 어쨌든 다산과 풍요, 순산을 기원하는 주술적 종교적 상징물에 가깝다는 해석이 지배적이다. 신석기시대 서생 바닷가 사람들은 왜 이런 여인상을 흙으로 만들었을까? 악플보다 못한 무플에 독자 제로인 논문이라도 있으면 좋으련만 발굴 보고서 외에는 이 여인상에 대한 특별히 깊이 있는 연구가 이루어지지 않은 듯하다. 이러한 미술품만을 체계적으로 연구해 온 전문가가 없는지 모르겠지만 아직도 전문적인 소개와 상세한 정리로 시민 동료들에게 봉사하는 선사 미술 자료집이 변변치 않은 것은 사실이다. 1974년 발굴 후 나온 보고서는 1988년의 '신암리 I'과 1989년의 '신암리 II'가 전부다. 내용이나 도판은 거의 빗살무늬토기(櫛文土器)에만 집중했고 비너스상은 '토제품' 부분에 간략히 몇 줄 서술해 놓았다.

"작은 여성 좌상으로서 머리와 사지가 없고 몸체만 남아 있다. 현재 왼쪽 허벅지가 더 많이 파손되어 있지만, 머리와 사지는 처음부터 없었던 것이 아닌가 추정된다. 석영 장석 입자가 혼입된 점토로써 조잡하게 만들었는데 유방을 표현하는 2개의 융기와 잘록한 허리가 여성의 특징을 잘 나타내어 주고 있다. 소성은 보통이며 앞면은 회갈색, 뒷면은 암회색을 띠고 있다. 현재 길이 3.6cm"(국립중앙박물관 보고서, 신암리 II, 1989년)

유물은 존재했던 당시를 말해 준다. 유물은 자신의 존재 이유와 자신만의 스토리를 전한다. 유물을 만들었던 사람들과 유물을 지녔던 이들의 삶의 모습을 표현하기도 한다. 땅속에서 건진 출토품 속에 담긴 진실과 이야기들, 그리고 역사가 한줌의 흙에서부터 출발한다면 3.6cm의 신암리 비너스는 우리에게 무엇을 전하고 어떤 사연을 알리고 싶었을까?

운흥사의 각수승 연희

 울주군 반계길 207-22(웅촌면 고연리). 수백 년 된 떡갈나무가 나그네를 반긴다. 운흥사지로 가는 초입이다. 계곡을 끼고 산의 품으로 들면 곧 닿는다. "학성지에 기록이 없어 그 이전에 폐사되었을 것"으로 추정한다는 안내판은 잘못이다. 1749년 학성지 웅촌면과 사찰 조에 당시 존재했다고 나온다. "운흥사는 원적산 아래에 있다. 신라 진평왕 때 원효가 창건했고 고려 말 지공指空이 중창, 임진왜란 때 절이 다 타서 갑인년(1614)에 대희大熙가 또 중창했다."라며 "골짜기 입구에 환학교喚鶴橋, 세진교洗塵橋, 청하교靑霞橋, 취적대吹笛臺, 유봉대留鳳臺, 천왕문과 몇 층이 되는 돌다리가 있어서 와룡臥龍이라 부른다. 수각水閣이 있었는데 지금 없어졌다. 골짜기 입구 석면에 홍상빈 부사가 '雲興洞天'이라고 크게 4글자를 새겨 놓았다." 동천은 '산과 내로 둘러싸인, 경치가 빼어나게 아름답고 좋은 곳'이다. 운흥동천, 쌍계사 화개동천, 해인사 홍류동천이 영남 3대 동천이었다.

울산부읍지(1832)와 대동지지(1864)에도 원적산 아래 운흥사가 있고 절터와 석탑 3개가 남아 있다고 했다.《성종실록》에 종이 상납(紙所里라는 마을이 있었다.)과 금산禁山, 운흥사 승려 반란 사건이 나온다. 해동지도(1724)엔 위치가 명확하다. 《신증동국여지승람(1530)》과 이양오의《반계지》에도 등장한다. 반계가 1800년 윤사월, 원적산을 유람하며 운흥사에 들렀는데 풀이 무성하고 건물은 손상돼 옛모습이 아니었다. 영남읍지(1871)는 "지금은 없다."라고 했다.

운흥사 가는 길, 풍광에만 취할 수 없다. 유명한 스님을 만나야 한다. 운흥사는 17세기 조선 최고의 불경을 판각한 요람이었고 전문 출판사 역할로 이름을 날렸다. 주인공은 당대 최고의 각수승刻手僧 연희演熙다. 연희는 자신이 판각한 변상도와 경전 등 15건의 간행물에 '演熙刀' '熙刀'라는 이름을 새길만큼 실력을 자신했다. 운흥사에서 판각 활동을 한 것은 20여 년. (1668년~1690년) 후대 전문가들은 매우 섬세하고 우수한 기량이라 평가한다. 정시한(1625~1707)은 명산대찰과 경승지를 여행하며 남긴 〈山中日記〉에 "연희는 됨됨이가 믿을 만하고 착실한 사람. 홀로 불경 수천 판을 11년을 하루같이 새겼다. 새벽부터 저녁까지 한결같아 보는 사람은 힘들어도 본인은 팔짱을 끼고 있는 것처럼 편하다. 처음에는 뼈가 녹고 정신도 혼미했으나 열흘이 지나면서 조금씩 나아지다가 3개월이 지나자 약간씩 기운을 회복하고, 3년이 지나자, 평소처럼 되었다 한다."고 증언했다. 연희는 학성 사람으로 늦은 나이에 운흥사로 출가했다. 경전 간행에 뜻을 둔 것은 어머니에 대한 효심에서 비롯되었고 사람들이 '목련존자의 후신'으로 칭했다. 참으로 우직하고 성실한 각수승의 곁에는 도반 학훈學勳이 있어 공양과 경전 간행 화주를 담당한 든든한 후원자이자 '동심 동지인同心 同志人'으로 동행했다.

나라의 책은 금속활자로, 민간이나 사찰에서는 목판에 글자를 새겨 찍었다. 목판에 글씨를 새기는 사람을 각수라 했다. 경판을 '차게 차게 동개면' 백두산보다 높다는 팔만대장경, 세계에서 가장 오래된 목판본인 무구정광대다라니경도 모두 각수의 작품이다. 조선 시대의 종이 수요는 참으로 많았다. 태종은 1415년 조지소造紙所를 설치하고 서울에 81명, 지방 221개 군현에 692명의 지장紙匠을 배치해 6개월씩 3교대로 일하게 했다. 병자호란 후 청에 종이 조공을 하면서 수요가 폭증해 전국의 절과 민간에서도 감당했다. 닥나무 재배와 종이 만드는 일이 얼마나 괴로웠으면 승려들이 도망가 절이 텅 비고 반란까지 모의했을까.

폐사지에는 쓸쓸함이 배어있다. 주변 풍광과 나뒹구는 돌은 세월의 무늬를 가늠케 한다. 운흥사 터도 그렇다. 공空과 허무虛無, 무상無常이 느껴지고 복이 구름처럼 일어나기를 바라는 마음에서 이름 지은 '운흥雲興'도 지금은 사라졌다.

울산의 마애불, 방바아 부처

아직 다 끝나지 않았다고 항변하는 듯 12월은 더디 더디 가고 있다. 주말을 맞아 몇 명의 문인들을 강동 사랑길로 안내했다. 바다를 옆구리에 끼고 산도 보고 맨흙도 밟을 수 있는 긴 여정이었다. 점심이 가까울 무렵 일행과 함께 황토전에 들렀다. 조용한 마을 뒤에 있는 '부체봉'을 향해 가풀막진 산길을 올랐다. 마애불을 마주하라고 미리 주문했다.

'울산 북구 어물동 마애 약사여래 삼존상'(북구 황토전길 229 어물동 산 121번지) 바위에 조성된 울산시 무형문화유산 제6호다. 중앙에 약사불, 일광보살과 월광보살을 좌우에 새긴 통일신라 시대 작품이다. 마애불은 바위에 새긴 부처이니 벼랑부처磨崖石佛라 해도 틀리지 않는다. 방처럼 넓고 큰 공간에 부처가 있다고 해서 어릴 때 고향 사람들은 '방-

바우절'(방바아 절)이라 불렀다. 울산에 남은 마애불로는 유일하다. 기교가 넘치지 않고 담담하니 서민적이다. 오만함이나 화려한 겉치레도 없다. 번잡한 허세는 가짓수만 많은 상차림과 같으니 없으면 없는 대로, 있으면 있는 대로 꾸밈없이 드러내면 그만이다.

본존불은 높이 5m, 너비 3.5m이고 좌우 협시보살은 높이 3.5m, 너비 1m다. 자연 암벽에 돋을새김했고 중앙의 본존불은 결가부좌 자세다. 얼굴은 크고 육계가 볼록하다. 마모가 심하지만, 도톰한 볼과 입술에 옅은 미소가 보인다. 양 귀는 길게 늘어져 어깨까지 닿았고 목에는 희미하게 삼도가 보인다. 법의는 앞가슴을 둘러 양어깨를 덮어 입었으니 통견通肩이겠고 옷 주름은 잘 보이지 않는다. 오른손은 가슴에 올리고 왼손은 아랫배에 대었는데 약병을 들고 있었다. 약사여래藥師如來는 모든 중생의 병을 차별 없이 고쳐주는 자비로운 부처이니까.

서 있는 좌우 협시보살의 얼굴은 다소 크게 표현되었고 머리에 해와 달을 상징하는 원통형 보관을 썼다. 일광보살과 월광보살이라 한 이유다.

어물동 마애불이 세상에 나온 것은 마을 노파의 꿈에서 시작됐다. 주민들이야 그전에도 늘 기도하고 위안을 받고 있었지만 1933년 북구 강동동 황토전에 살던 김불불 노파가 꿈에 부처를 만나 현장을 확인해 제보했다고 한다. 울산 최초, 유일의 마애불은 그렇게 드러났다.

어머니도 해마다 동짓날이면 산 너머 십릿길을 걸어 이곳 '방바아 절'에 다녔다. 한 해 농사의 첫 물을 동지 공양으로 올려야 한다는 믿음이 있었다. 불경은 모르고 무조건 7자만 따라 외운다고 했다. '나무관세음보살'. 지긋지긋한 인생, 복장을 두드리며 한을 터뜨리고 "다음 생은 분명히 지금과 다른 삶을 선물해 달라."는 간절함을 담아 기도했다. 저녁답에 집에 온 어머니는 언제나 환한 얼굴로 "부처님이 불쌍한 이 애미의 하소연을 다 들어줄 거다."라는 자신감을 보였다.

무재칠시無財七施. 돈 안 드는 보시를 실천하란 말이다. 그러니 혹여 그대여, 자주 화가 치밀고 주위에 미운 놈 수두룩하게 보인다면 그냥 외면해 버리고 화안애어和顏愛語하시라. 온화한 표정에 부드러운 미소로 바라보고, 애정 어린 말투로 대화하라. 그 모습이 부처요 그 마음이 극락이지 자비가 따로 있나. 지금 사는 곳이 곧 샹그릴라(Shangri-La)가 아니겠나. '어물동 마애삼존불' 앞에 서서 수천 번 소원을 빌어도 돈 한 푼 안 받는다. 부처님 자비 광명은 누구에게나 그 정도 선물은 '무조건' '무차별'로 준다. 내가 아는 방바아절이나 어머니의 부처도 실제로 그랬다는 것을 알고 있다.

쓸쓸하나 아름다운 간월사지

보이는 게 다가 아니다. 폐사지 답사도 그렇다. 보는 게 반이라면, 나머지 반은 상상으로 메워야 한다. 어떤 경우엔 상상력이 8할 이상을 차지할 때도 있다.

폐사지 답사는 마음의 상흔을 조금이라도 덜어보려고 묵상의 시간을 갖는 일이다. "마음이 울적하면 폐사지로 떠나라."라는 유홍준 교수의 말에 호응하기에도 마침맞고. 굳이 포행布行이 아니라 산보인들 또 어떠랴.

울주군 상북면 등억 알프스라 1번지. 모텔 숲속에 외로운 폐사지가 있다. 看月이거나 澗月, 肝月이나 觀月이라 불렸던 간월사지다. 1997년 울산광역시 기념물로 지정된 간월사는《동국여지승람》언양현彦陽縣 불우조佛宇條에는 보이지 않는데《수오선생문집睡聱先生文集》간월사기澗月寺記, 정시한丁時翰의 《산중일기山中日記》, 18~19세기에 만들어진 《언양현호적대장》등에 기록이 돼 있다. 1795년 《언양읍지》에는 자장이 선덕여왕 때 통도사보다 먼저 지었다고 했는데 신라 진덕여왕 때 처음 세웠다면 어언 1500여 년이 흘렀다. 임진왜란 때 한 번 폐사됐고, 그 후 인조 12년 다시 세워 19세기 말까지 존립하다가 이후에 또 폐사됐다. 1960년대 초, 밭을 경작하던 농부가 쟁기질을 하던 중 불상을 발견했다. 1988년 2월 이 일대가 '등억온천지구'로 지정되면서 모텔이 많이 들어섰다. 밤의 화려한 조명은 불야성이다. 돌부처는 오랜 시간 제집을 찾지 못하고 습기 훼손을 덜기 위해 법당을 개조한 보호각에서 더부살이 중이다. 법당 안에는 보물 제370호인 석조여래좌상이 있다. 울산지역에서 보물로 지정된 유일한 불상이다. 몸은 비교적 깨끗하나 광배는 사라졌고 8각 대좌는 일부만 남았다. 수인과 무릎, 귀도 훼손돼 있고, 목은 떨어져 나간 것을 복원했다. 목에 삼도를 둘렀고 얼굴은 둥글고 풍만하다. 눈과 코·입은 작은 편이라 인간적이다. 머리는 나발이고 키가 작고 어깨는 좁고 가슴은 빈약하나 선이 유려하고 손은 항마촉지인이다. 법의는 얇고 U자형의 계단식 주름이 있는 것으로 보아 9세기 작품으로 평가한다.

　간월사터의 최고 볼거리는 절 뒤에 있는 3층 석탑이다. 지형 때문인지 동향의 금당에 맞춰 남북으로 배치했다. 탑 중앙에 문비門扉가 있고 좌우에 새겨진 권법형 금강역사는 초콜릿 복근을 자랑한다. 남탑에만 신장의 머리에 두광이 있고 문비에 고리를 달아 놓았다. 북탑은 소나무가 우거진 바위 위에 단단히 서 있어 남탑에 비해 주변 풍광이 뛰어나고 잘 어우러진다.

신라 때 절은 거의 원효 자장 의상 등 고승을 끌어다 격을 높이려 한다. 간월사도 자장율사가 창건했다거나 통도사보다 크거나 버금갔다는 말을 하지만 사역이나 유물 등 발굴조사 결과를 보면 산 아래 작은 절이라는 게 맞겠다.

폐사지는 때맞춰 보아야 제대로 보인다. 새벽 일출에 좋은 곳이 있고 오후나 석양에 제맛을 느끼는 폐사지도 있다. 폐사지 탑은 계절마다 나름대로 멋이 다르다. 봄날에 보면 좋은 탑이 있고 가을날에 찾아야 어울리는 절터가 있다. 간월사지는 보름달에 폐사지의 아름다움이 잘 드러난다. 홍류폭포 아래 계곡마다 달이 비치니 수월관음水月觀音이고 화천마을과 작괘천을 훑어 영남알프스의 산들을 비추니 곧 월인천강月印千江이라 하겠다.

간월사, '달을 보는 절'이다. 하늘과 계곡의 달, 함께 간 이의 눈동자와 내 마음속 달(心月)을 볼 수 있다. 우리가 살면서 몇 번이나 머리 위에 떠오르는 보름달을 보았던가. 음력 보름이나 기망에 답사하기를 권한다. 고요하면서도 충만한 달빛은 오직 이곳에만 은총이 내려오는 것 같은 느낌을 준다. 혼자 걷다 보면 '쓸쓸하나 아름다운 폐사지'란 말을 이해할 수도 있다.

경계를 새긴 돌, 상천리 국장생석표

1085년(고려 선종 2년) 한겨울. 왕의 명에 따라 통도사의 경계를 확정 짓는 장중한 돌비가 울산 헌양현(언양) 남쪽 벌판에 세워졌다. '국장생 석표'라는 이름의 이 돌은 단순한 표지석이 아니라, 사찰과 국가의 관계를 증명하는 치밀한 권력의 선언이었다. 통도사로부터 동북쪽으로 약 4km 떨어진 곳, 사방 4만 7천 보의 사역지 중 하나였다.

울산광역시 울주군 삼남면 상천리 산37-15번지. 이 장생은 나라가 허락한 경계의 표시였다. 경내 사지를 정리한 후, 통도사에서 호부에 상소했고, 같은 해 5월에 국가가 첩지를 내려 비를 세울 것을 명령했다. 명에 따라 12월, 돌에 명문을 새겼다. 글은 이두문을 썼고, 비록 마멸돼 다 읽히진 않지만, '乙丑五月日牒', '十二月日記' 등 몇 줄 남은 기록은 왕명에 의해 설치되었음을 명확히 밝히고 있다. 상천리 석표는 윗부분이 훼손되어 원형은 알 수 없지만, 현재도 1.2m 높이의 자연석이 긴 세월을 버티고 있다.

장생은 '장승'이다. 수호신, 이정표, 경계표 등의 역할을 하고, 고려 풍수지리설과 함께 민속신앙과도 깊은 관계를 맺고 있다. 장생표 또는 장생석표는 고려 시대에 절 소유의 논밭에 세워 둔 경계선 표지다. 국장생석표國長生石標는 나라의 명에 따라 세운 장생석표니까 권위가 더 높다. '통도사 국장생석표'는 사찰의 토지・풍수・방액 등을 위해 세운 경계석으로 절에서 그곳까지의 일대가 통도사의 경내임을 나타낸 것이고 당시 헌양현에도 통도사의 토지가 있었음을 알리는 증거이다. 고려 시대 헌양현의 남쪽 일부 지역은 통도사에 속했다.

상천리 남쪽 양산시 하북면 백록리에도 석표가 있다. 보물 제74호이다. 통도사 기록에 "사방산천의 기를 보충하기 위해 사방 열두 곳에 장생을 세웠다."고 돼 있다. 절의 경계를 표시하면서 땅의 기운을 보충해 절에 들어올 수도 있는 액을 막기 위해서 세운 것으로 고려 시대 풍수의 영향으로 보면 된다.

고려는 불교를 국교로 삼으며 대형 사찰에 막대한 토지와 노비를 하사하였다. '사원전寺院田'이라는 토지는 사찰의 주요 수입원이었다. 사찰은 토지를 농민에게 경작하게 하고 수확의 일정 부분을 주租로 거두었고, 일부는 직영 농장으로 운영했다. 또 사찰은 자체 시장을 열거나 수공업 공방을 운영하여 현물과 화폐를 획득했다. 사찰은 종교기관이면서 경제기관이었다. 승려들은 사찰의 경제를 운영하는 관리자로 사찰 소유의 농장 운영과 불경 인쇄 및 판매, 염직과 제분, 도자기 제작 등 생산 활동에도 참여해 사찰 경제를 안정적으로 유지했다. 고려는 해상 무역이 발달했는데, 일부 사찰은 이를 활용해 국제 무역에 참여하고 노비를 소유했다.

시간이 흐르면서 경제적 집중과 비대화, 종교의 타락이 심화되고 자연스럽게 개혁과 탄압의 압박이 가해졌다. 조선은 유교적 개혁정책을 채택하고 동시에 불교를 배척하거나 약화를 시도하게 된다.

상천리 국장생석표는 무인석처럼 무덤을 지키는 비도 아니요, 공덕을 드러내는 찬미의 문도 아니다. 왕실의 명령에 따라 세워진 땅을 분할하는 선포이며, 불교의 사세가 나라 울타리 안에서 확장되던 시기의 흔적이다.

흔히 문자와 기록으로 역사를 읽지만, 돌이나 그림이 역사를 말하는 예도 있다. 토기 파편을 보고 새로운 해석을 하고 비석 하나가 기존의 역사를 뒤집은 사례도 있다. 국장생석표는 고려라는 나라와 통도사의 힘을 보여주면서 그런 사연을 돌에 새겨 남긴 단단한 서사이자 선포문이라 한들 누가 아니라고 말하겠나.

반고사, 원효의 첫 수행터였다

  1970년 12월 25일, 동국대학교 불적 조사단이 경주를 거쳐 언양에 왔다. 《삼국유사》에 기록된 신라 폐사지를 찾아서였다. 반고사지를 확인하기 위해 대곡천 중·상류 지역을 답사하다 실패하고 중단했다. 그러다 귀경 하루 전 '울주 천전리 명문과 암각화'를 발견했다. 1973년 5월 4일 국보 제147호로 지정되었다. 울주 천전리 각석이라 하던 것을 2024년 2월 28일 울주 천전리 명문과 암각화로 바꿨다. 집청정의 최경환 옹과 딸 영수 씨의 제보와 도움이 결정적인 열쇠로 작용했다. 이는 어마어마한 성과였다. 이듬해 성탄 전날, 반구대암각화까지 확인했다. 두 암각화와 명문은 우리 역사 교과서를 다시 쓰게 만들었다. 한국선사문화와 미술사, 문학사, 포경사, 민속학과 인류학, 신라사와 함께 왕족을 비롯해 관등, 화랑, 승려 등을 파악할 수 있게 된 것이다.

애초 답사 목적이었던 반고사 유물은 부산대 박물관 야외 전시장에 전시 중인 반고사 터 발견 '석조여래좌상'이 유일하다. 풍만한 몸, 양감의 표현 등으로 보아 제작 시기는 통일신라 중기 이후로 추정한다. 또 석조여래좌상 뒤편에 반고사 탑신석이 자연석 위에 시멘트로 올려져 있다. 탑신석 각 면에는 안상眼象이 표현돼 있고, 안상에 사천왕상이 조각되어 있다. 불상이 발견된 곳은 집청정 앞, 강 건너 거북 머리에 해당하는 지점이었다. 이곳이 원래 반고사 터라는 근거다. 사연댐 건설로 불상과 탑신을 옮기면서 '대곡리사지'라 불렀다. 《울산읍지(1934년)》 '불우조'에 "반고사는 반구산에 있었는데 지금은 없다."는 기록이 있으나 폐사된 시기는 정확하지 않다. 조선 후기에 언양 유림이 그 터에 반고서원(반구서원)을 건립했다. 대곡천은 감입곡류嵌入曲流형 하천이다. 높은 산 사이사이 깊은 골이 팼고 물은 뱀처럼 구불구불 흘러간다. 반고사 터는 가장 중요한 포인트 중 하나였을 터. 집청정과 정몽주를 기리는 포은대, 반고서원盤皐書院 유허비가 한 구역에 있다.

원효(617~686)는 반고사에서 본격적인 수도승 삶과 저술 활동을 시작했으니 대사가 되기 전 첫 수행터였던 셈이다. 원효가 반고사에 있을 때 낭지를 찾아뵈니 낭지는 원효에게 《初章觀文》과 《安身事心論》을 저술하게 했다. 낭지는 '늘 법화경을 외웠으므로 신통력이 있었다'는 수수께끼 같은 고승으로 원효와 지통(智通 655~?)의 스승이었다. 영축(鷲)산 혁목암赫木菴에 머물며 수행과 교화 활동을 펼쳤다. 영축산은 변재천녀辯才天女와 문수보살이 상주하는 신성한 곳이었다.

원효가 저술을 마치고 은사隱士 문선文善을 시켜 글을 보내면서 자신을 낮추고 낭지를 존경하는 마음을 담아 시구를 적었던 때가 31살이던 647년이었다. 3년 뒤 반고사를 떠났다. 울산은 원효의 활동사에 중요한 위치를 차지한 지역으로 울산 불교문화 확산과 흥성에 원효가 큰 영향을 끼쳤다.

울산은 신라 불교의 해양 전래설의 중심이거나 불교 남래설의 첫 기착지였을 수도 있다. 동축사 창건설을 보면 울산이 신라 수도의 관문이자 대외 무역항으로 경주만큼 불교가 융성했다는 주장도 설득력이 있다. 달천의 철과 소금으로 성장해 경제력이 큰 힘을 발휘했고 이를 바탕으로 태화강과 문수산 일대에 많은 절을 지었다. 태화사와 영축사, 청송사와 망해사, 혁목암과 동축사 열암사 장천사 백련사 석남사 반고사 신흥사 백양사 등이다. 울산은 경주에 버금가는 불국토를 꿈꾸었던 적지였고 반고사는 울산 불교의 핵이었으며 문수산은 신라불교의 성지였다.

장천사 승려가 만든 보물, 국청사 청동북

　1666년(조선 현종 7년) 음력 3월, 반구천 상류 연화산 아래 장천사長川寺에서 대장 승려 태응을 비롯한 승려와 장인들이 청동북을 완성했다. 직경 66㎝, 두께 14.8cm로 청동 100근을 써 비교적 규모가 큰 편이다. 얼마 뒤 부산 금정구 국청사로 옮겼다. 청동북은 사찰에서 사용하는 일종의 타악기로 반자飯子, 금고金鼓 금구禁口라고도 한다.

　국청사 청동북은 조선 시대 금고 중 두 번째로 오래된 것으로 규모가 크고 장식성도 있을 뿐 아니라 18세기 금고의 선행 양식을 보여준다는 점, 제작 시기와 장인을 새긴 명문이 있다는 점이 불교 공예사적 의의가 있다는 평가를 받는다. 2011년 국보 1733호 '釜山 國淸寺 靑銅金鼓'로 지정됐다. 이 북은 거虡에 고정하는 고리가 3개 달렸고, 앞면에 가는 선과 굵은 선으로 구획된 내외구에 양각 문양이 새겨져 있다.

앞면 내구에 중앙의 당좌를 중심으로 5자의 원문범자圓文梵字가 돌려져 있고, 외구에는 당초문을 남겼다. 장식성이 돋보인다. 뒷면의 구연부는 큰 각도로 벌어져 있는데, 안쪽에 제작연대와 장인을 알려주는 양각 명문과 똑같은 내용을 먹으로 적어 놓아 누가 어디서 만들었는지 알 수 있다.

명문을 보면 '강희 5년 병오 삼월에 만들었고 시주는 박충민, 이막남이고 제작자는 대장 태응과 신열, 영득 그리고 절의 화주로 계호, 설은, 설암, 설심이다.'라고 돼 있다. 강희 5년은 1666년이다. 장천사는 적어도 1666년 전후까지 존재했고 청동북을 제작할 만큼의 세력이 컸음을 알 수 있다. 大匠太應은 제작을 총지휘한 장천사 승려 장인으로 승려 장인들을 이끌던 승장이었다. 수석 장인이었던 그는 청동북과 함께 1636년 중사자암명中師子庵銘 법주사 종의 대시주 명단에 이름을 남겼고 1633년 무량사 대세지보살좌상의 복장 발원문에 화원으로 불상제작에 참여했다고 적혀 있다. 1673년 수덕사 괘불화에 남은 태응도 동일인으로 추정한다.

장천사는 울주군 두동면 천전리 대곡박물관 인근, 보안골 안쪽 명산등名山嶝 끝자락에 있었다. 절 이름은 障川이란 문헌표기도 있지만, 출토 기와에는 '長川'으로 표기돼 있다. 대곡댐 부지에 포함돼 2000년 한국문화재보호재단이 발굴 조사한 결과, 건물터 5동과 담장 터 2곳, 축대 2곳을 비롯해 배수로, 원형 석조 등을 확인했다. 유물은 통일신라 시대 연화문 막새, 고려 시대 어골문 기와편 · 청자편, 조선 시대 기와편·분청사기·백자와 석불조각 등이고 '강희 41년 장천사 법당조성'명 암막새도 확인했다. 강희 41년은 1702년(숙종 28)으로 청동북 제작 이후 36년이나 지난 시기다. 8세기 전반에 창건돼 조선 후기에 중건했다는 자료이다.

조선 후기 장천사의 존재는 옥소 권섭(1671~1759)이 쓴 《남행일록》에도 나온다. 옥소는 겸재의 반구대 그림을 공회첩에 보관한 주인공으로 1731년(영조 7) 3월 13일 반구대에 왔다. 경주에서 석굴암 포석정 천룡사 등을 보고 반구대 계곡에 와 경승을 감상하고 집청정, 반구서원에 들렀다. 반구대 기행 첫날밤을 장천사에서 묵었는데 저녁에 계곡을 산책하던 중 황백색의 큰 호랑이를 보고 깜짝 놀랐다는 기록을 남겼다. 당시 반구천에 호랑이가 있었다는 것이다.

민간에서는 폐사 원인을 대개 빈대의 습격 때문이라 하는데 장천사는 특이하다. 내남면 노곡奴室의 정 씨가 명산등에 몰래 묘를 쓴 뒤부터 절의 운기가 쇠하더니 망했다고 전한다.

울산이 보유 중인 국가유산 보물은 10개이다. 울산 태화사지 십이지상 사리탑과 울주 간월사지 석조여래좌상 등이다. 장천사 청동북이 국가유산 보물이란 사실도 함께 알았으면 한다.

제3부

고려와 조선시대의 울산

쇠돌이가 사라졌다

드라마 〈추노〉는 조선시대 도망 노비를 추적하는 노비 사냥꾼의 이야기다. '추노推奴' 또는 '종추리'는 도망간 노비를 찾아 데려오는 일을 가르키는 말로, 조선 후기 신분제 동요를 상징하는 사회 현상을 표현한 것이다.

조선왕조실록에는 추노 사건이 빈번히 기록돼 있다. 몰락 양반들은 도망 노비를 찾으면 상당한 재산을 확보할 수 있다고 여겼으나, 현실은 녹록지 않았다. 이미 타지에서 새로운 신분으로 정착한 도망 노비들은 죽기 살기로 저항했고, 노비에게 신공身貢을 받으러 다닐 정도로 몰락한 양반은 경제력과 사회적 영향력이 노비만도 못한 경우가 많았다. 양자가 충돌해 살인 사건도 종종 발생했다. 추노는 1778년(정조 2년) 노비추쇄관혁파로 공식 제도에서 사라졌고, 갑오개혁 때 노비제도 자체가 법적으로 폐지되었다.

울산광역시 유형문화재 제6호인 《심원권 일기》는 조선 후기 울산 야음동 일대 몰락 양반의 일상을 생생히 기록한 자료다. 1875년 5월, 20년간 부려온 종 '쇠돌金乭'이가 어느 날 갑자기 자취를 감췄다. 심원권은 겉으로 "쇠돌이가 돌아오지 않으면 고노雇奴를 구하면 된다."고 담담히 말했지만, 속마음은 달랐다. "20년 동안 한솥밥을 먹은 정리로⋯. 음식 맛도 모르겠고, 만약 진짜 쇠돌이를 못 보게 된다면 마음에 병이 될 것 같다."고 일기에 적었다.

주인과 노비라는 신분적 위계 속에서도 인간적 유대와 정을 보여준다. 쇠돌이는 2년 8개월 만에 집으로 돌아왔는데 도망 후 경제적 자립이나 신분 세탁에 실패했거나, 인간적으로 대우해 주던 주인에게 다시 의탁하는 편이 낫다고 판단했을 것이다.

조선 후기 한문 소설집 《삽교별집霅橋別集》에 언양 지역의 추노 사건을 다룬 단편소설이 실려있다. 주인공은 조태억(趙泰億, 1675~1728). 자는 대년大年, 호는 겸재謙齋, 숙종·영조 초기의 문신으로 홍문관, 성균관을 거쳐 영조 초 우의정·좌의정까지 오른 인물이다. 1720년 경상도관찰사로 부임했고, 이듬해 서울로 전직되기 전 언양을 돌며 민정을 시찰했다. 송수환 박사의 글이 소개한 소설은 이러하다.

읍성 안 객사에 머물던 어느 날, 담장 밖에서 누군가 다급히 외쳤다. "대년이, 대년이! 내가 지금 혼금昏禁에 걸려 자네에게 들어가지 못하고 있네!" 통행금지 시간에 관찰사의 자를 함부로 부르는 것은 여간 친분이 아니고서는 불가능한 일. 조태억은 사정이 있겠거니 여겨 그를 맞아들였다. 알고보니 생면부지의 초라한 차림의 선비였고, 몹시 겁에 질려 있었다. 밤이 되어 주변을 물리고 정색하고 속사정을 물었다. 그는 서울의 몰락한 양반 가문 장손으로, 선조 대부터 소유했던 노비들이 도망쳐 언양에 정착해 살고 있으며 6~70년 동안 신공을 받지 못했다고 했다. 이를 받으러 왔더니 도망 노비들이 이미 군교軍校나 서리胥吏로 변신, 고을 실세로 군림하고 있었고 편 들어주지 않는 언양현감을 비난했다. 심지어 자신을 죽이려는 음모까지 있다는 소문을 듣고 도움을 청하러 왔다는 것이다. 조태억은 그가 몰락 양반이지만 같은 사대부로 동병상련이 들어 "노비 신공을 가볍게 해주고 속량贖良해 노비문서를 모두 불태운다는 약속을 해야 도와주겠다."는 조건을 제시했다. 조태억은 도망 노비들을 처벌하는 대신, 그들을 양인으로 해방시키는 방식으로 사건을 마무리했다. 18세기 초 경상도 내륙에서도 신분제 붕괴가 본격화되었음을 보여주는 사례이다.

갑오개혁의 노비제 폐지는 오랜 사회 변동을 법적으로 추인한 것이다. 제도는 현실을 따라갔고, 현실은 수백 년 축적된 개인의 저항과 적응, 변화에 대한 열망이 만든 것이다. 도망간 쇠돌이는 돌아왔지만, 그가 경험한 자유의 시간은 되돌릴 수 없었을 터이고 언양의 도망 노비들은 끝내 양인이 되었을 것이다. 역사는 그렇게, 한 사람 한 사람의 선택이 모여 거대한 변화를 만든다. 굴레와 속박을 벗어나려는 자유의지, 차별을 못 견디는 평등 의식은 당시의 대세이자 거스를 수 없는 흐름이었다.

조선 충신 엄흥도, 울산에 오다

강원도 영월 청령포에 다녀온 지인은 그곳 풍광과 스토리를 오래 기억했다. 김삿갓을 만났고 단종애사의 현장을 확인하고 왕방연의 시조를 읊었다는 자랑을 곁들인다. 세조의 만행에 분개하고 단종을 애도한 그는 정작 울산에 충신 엄흥도嚴興道의 흔적이 있다는 것은 모르고 있었다. 엄흥도의 충절은 신라 박제상 못잖은데 말이다.

단종은 비운의 조선왕이었다. 그의 실록은 〈노산군일기〉에서 《단종실록》으로 바뀌었지만 1452년 5월 즉위년에서 1455년 윤유월까지만 전한다. 중종부터 제를 지내며 예우하다가 광해군 2년에 사우를 세우고 신주를 봉안했다. 1698년 숙종이 노산군으로 복권하고 묘호를 단종, 능은 장릉莊陵이라 하면서, 예를 지키고 의를 잡음을 '단'이라 한다고 했다. 유배지 영월에서 죽음을 맞은 뒤 묘도 남기지 못했다.

단종애사와 관련한 주역 인물과 흔적이 울산에 남아있다. 영월 호장 엄흥도 후손의 집성촌과 그를 기리는 원강서원이다. 〈승정원일기(1790 정조 14)〉에 "영월의 옛 호장 엄흥도의 충절은 그 당시의 3상과 6신 못지않았다."라고 전한다. 〈각사등록(1896)〉에는 영월군 내 엄흥도 묘소의 제사 비용을 갑오경장 후에도 계속 받을 수 있도록 조처해 달라는 질품서와 지령이 전한다. 불의에 눈감지 않는 것이 정의이고 모두가 예스라 할 때 아니라고 외치는 한 사람, 그를 정의의 사도라 한다면 엄흥도가 그런 사람이었다. 정의는 악이나 불의의 반대편이지만, 사실 방관 또는 위선도 불의다.

망해가는 나라에도 반드시 충신 세 명은 있다. 단종의 시신에 관심만 보여도 3족이나 9족을 멸한다는 세조의 어명에도 엄흥도는 "爲善被禍 吾所甘心"이라며 밤에 몰래 주검을 거두어 곡하고 관을 갖추어 장사했다. 곧바로 영월을 떠나 영남을 떠돌다 후손이 울산에 정착했다. 영조가 1726년에 충절을 후세에 알리기 위해 영월에 정려각을 세우고 순조는 1833년에 공조판서로 추증했다. 1876년 고종이 충의공이란 시호를 내렸다. 정려각 비문은 '조선 충신'으로 시작된다.

원강서원은 울주군 삼동면 대밭길 37(둔기리 725)에 있다. 울산광역시 문화유산 자료 10호이다. 묘정비와 충의공을 모신 상절당象節堂, 강당인 여수당如水堂, 동서재인 영수재永樹齋와 형모재詧慕齋, 정문인 충의문忠義門으로 구성돼 있다. 영월 엄씨 울산대종회는 춘제를 양력 4월 셋째 일요일에, 추제는 음력 9월 18일에 지낸다.

후손들은 1799년(정조 23년) 울주군 온산읍 대정리 대안에 원강사圓岡祠를 세워 제사를 받들었다. 1817년(순조 17년)에 사림의 논의로 원강서원으로 승격했다가 1868년 철폐, 1904년 복원했다. 1947년 온산읍 화산리 산성마을로 옮겼다가 1988년 공단 편입으로 1995년 현 위치로 옮겼다. 후손들은 화를 피해 가족과 함께 당도한 곳이 언양현 왕방리 금곡촌이다. 중시조 엄흥도의 5세손 엄선嚴善이 삼동면 둔기리에, 그리고 6세손 엄립嚴立이 온산으로 이주해 집성촌을 이뤘다. 산성 엄씨 집안이다.

　엄흥도의 묘는 울산에 없다. 영월 장릉의 능역에 정려각과 묘(가묘)가 있지만, 가족과 함께 영월을 떠나 남쪽 경상도 어디 숨어 살다 죽었다. 묘는 경북 군위군 의흥 조림산 신남촌에서 발견된 묘를 진묘라 믿어진다. 처음 숨은 곳이 의흥이고 단종 시신을 함께 수습한 아들의 묘가 신남촌 산등 너머에 있으니 부자가 함께 은둔해 살았다는 주장에 힘이 실린다.

　역사의 심판에는 시효가 없다. 옳고 그름, 선악을 끝내 심판하는 褒貶과 破邪顯正이 따른다. 그만큼 무겁고 두려워 天网恢恢 疏而不漏라고 했다.

조선의 첩보원 이겸수

인천상륙작전에서 큰 공을 세웠던 켈로(KLO)부대와 암호명 '래빗'으로 불린 여성 켈로 대원들은 신분을 숨기고 적진에 들어가 정보를 수집하는 특수 임무를 수행한 첩보원이었다. 전쟁에서 승리할 수 있는 최상의 방법은 적을 자중지란에 빠뜨리는 것인데 《손자병법》은 절대 열세인 상황에선 삼십육계가 최상이지만 도망가지 않고 이기는 계략을 '반간계反間計'라고 했다.

임란 때 조선에도 첩보원이 있었다. 울산 의병장 이겸수(李謙受, 1555~1598)가 대표선수다. 그는 임란 때 반간계를 수행한 '조선의 첩보원이자 대일 외교와 협상 전문가'였다. 선조실록과 용사잡록, 분의록, 분충서난록, 학성금신록, 임진란 문헌목록 등 여러 문헌에 상세히 나온다. 전쟁 중 신하들의 상소문과 군신 간의 대화나 문답, 그리고 외교 문서와 이겸수가 가져온 가토의 편지와 참모장 희팔량과의 강화회담 대화, 그리고 적진을 드나들면서 탐지한 내용이 생중계하듯이 기록돼 있다.

그는 충숙공 이 예의 6세손으로 양산 주남리에서 태어났다. 자는 자허, 호는 잠와, 시호는 죽재. 1598년 44세의 나이에 병으로 사망했다. 의병장으로 활약할 때 쓰던 보검을 후손들이 양산시립박물관에 기증했다.

사명대사 유정과 가토의 서생포 강화회담은 1594년 3월부터 1596년 6월까지 모두 세 차례 열렸다. 이겸수는 유정의 부관으로 대일 협상과 가토와 고니시간의 반간계를 주도했다. 1차는 3월에, 2차는 7월에 열렸는데 유정과 이겸수가 함께했고, 12월의 3차 강화회담에는 이겸수가 단독 대표였다. 그의 이름은 《선조(수정)실록》에 12번 등장한다.

1594년 3월 5일에 장희춘과 이겸수가 적장 가토의 답서를 가져온 것을 시작으로 5월 6일 유정과 함께 적진 서생포 왜성에 들어가 가토와 희팔량을 만났고 가토와 필담하며 술을 마신 뒤 희팔량에게서 강화 조건을 받아 왔다. 6월 26일 경상좌도 병사 고언백의 지시로 가토와 희팔량을 만나 담화하며 적정을 살피고 돌아왔다. 8월 30일과 9월 4일, 6일 기록이 압권인데 국방과 국정 전반을 총괄하던 비변사가 이겸수를 적진에 보내 가토와 고니시를 이간하는 반간계를 쓰자고 왕께 건의하자 즉시 수락했다. "고니시가 가토를 견제하여 그 공을 가로채려 한다."라는 말을 은밀하게 해 둘이 서로 격분하게 만들어 어부지리를 얻자는 계책이었다. 일급비밀 작전은 이겸수가 맡았다. 이겸수는 "고니시와 심유경의 회담이 실패할 것"이라며 둘을 갈라놓으려고 애썼다. 또 "명의 지원을 받으면 귀족인 가토가 비천한 도요토미를 치고 관백이 될 수 있다."라며 희팔량을 부추겼다. 본회담에 앞서 희팔량과 예비회담을 했고 본 회담 후에는 희팔량이 이겸수를 자기 숙소로 은밀히 불러 문답하며 정리 회담을 했다. 희팔량은 청정이 총애하는 참모이자 부하 장수로, 이겸수의 회담 파트너였다.

이후 10월 9일까지 적정탐문과 반간계 논의, 가토와 논의한 내용, 비변사에서 왕자가 가토에게 보내는 편지 초안을 바친 일 등을 수행했다. 그의 이름이 《선조실록》에 마지막으로 등장한 것은 1596년 6월 20일이다. 대마도에서 열린 명일 교섭을 탐지하기 위해 '體探人'을 보내는 어전 회의에서 류성룡이 장희춘과 이겸수를 추천했다. 비변사의 수장이자 이순신을 천거했던 영의정이 망설임 없이 추천한 것은 이겸수가 '조선의 특사'로 적임자라 판단했기 때문이다.

그는 전쟁의 판도를 판가름할 만큼 중대사를 극비리에 잘 처리해 임란 극복에 큰 공을 세웠다. 희팔량이라는 청정의 1급 장수를 휴민트로 심어 두고 세밀하고 치밀한 판단력으로 '은밀하고 위대하게' 임무를 처리했다. 첩보원으로서는 손색없는 자질이 있었다.

서생포 왜성에서 떠올린 인연과 보은

　서생포 왜성에서 '아름다운 인연'과 보은의 가치를 생각한다. 서생포 왜성에는 전쟁과 야만의 흔적만 있는 게 아니다. 아름다운 '인연'과 '보은'의 스토리도 있다. 의병과 사명대사, 이겸수와 장희춘 그리고 마귀와 편갈송 등을 떠올리고 일본 구마모토 울산 마찌에서 만났던 서생西生이란 성을 가진 후손과 포로로 끌려간 기와공이나 기술자 후예들이 떠오른다.
　서생포 왜성은 임진왜란의 비극을 고스란히 품고 있는 유적이다. 지금은 성벽 일부만이 남아 있으나, 임진왜란 당시 가토 기요마사가 조선 침공의 전진기지로 삼았다. 이곳은 임란 전쟁의 현장만이 아니다. 명나라 남경 홍등가에서 인신매매 상태였던 효녀 유씨 낭자를 구한 역관의 용기와 의리, 낭자의 결초보은, 다시 나라를 구한 아름다운 인연을 떠올리게 하는 장소이다.

편갈송片碣頌은 임진왜란과 정유재란 때 평양성과 전주성을 수복하고, 남원과 해남군을 포함한 전라도 지역과 경주를 되찾았다. 특히 서생포 왜성 탈환의 주역이었다. 서생 주민들이 당시 전승을 기념하는 '편장군승첩동'이란 각자刻字를 성 절벽에 새길 정도로 흠모의 대상이었다. 종전 후 명에 있는 모함 세력 때문에 귀국을 포기하고 경주 금오산에 은거하고 두 아들과 함께 조선에 귀화했다. 서생포 왜성 창표당蒼表堂에 위패가 봉안되었다.

천만리千萬里도 임란 때 울산 전투에서 활약하고 조선에 귀화한 명나라 장수로 영양 천씨의 중시조이다. 천 장군은 두 아들과 함께 이여송 휘하 총독장總督將으로 조선에 파병, 평양과 곽산, 동래 전투에서 공을 세우고 정유재란 때 마귀와 함께 울산에서 많은 왜적을 물리쳤다.

홍순언(洪純彦, 1530년~1598년)은 조선 중기의 서자 출신으로 한어 통역관, 외교관이었다. 200여 년 조선의 골머리였던 종계변무宗系辨誣를 해결했고 임진왜란 때 명나라가 구원군 출병을 결정하게 한 공을 세웠다. 그는 남경의 유곽에 들렀다가 '명나라판 심청'인 류 씨 낭자를 만나 몸을 팔게 된 안타까운 사연을 듣고 공금과 인삼 판 돈 3천 냥을 조건 없이 내주고 해방했다. 3천 냥은 당시 류 낭자 스스로 자신의 몸값으로 요구한 해어화채解語花債였다. 후에 그는 공금 횡령죄로 처벌받았다.

인연은 후에 큰 보은으로 돌아왔다. 부모의 빚을 갚고 장례를 치른 류 낭자는 명의 예부시랑 석성과 혼인하고 남편의 전폭적인 신뢰를 바탕으로 홍순언을 돕는 데 목숨을 걸었다. 아내가 밤마다 비단에 '보은' 이란 글자를 수놓는 것을 본 석성이 마침내 홍순언의 선행을 알게 됐고, 감복한 끝에 조선을 돕는 일에 적극 나섰다. 류 씨는 직접 짠 보은의 비단 백 필을 홍순언에게 전했다. 홍순언의 결단과 류 씨의 보은, 석성의 의리로 이어진 인연은 역사의 거대한 물줄기를 바꿔 놓은 실마리가 됐다. 그런 도움으로 홍 역관은 종계변무 해결은 물론 파병을 망설이던 명나라 군대를 조선에 출병하게 했다. 애초 종계변무를 해결하지 못했다면 홍순언 등 사절단은 죽음이 예고돼 있었다. 어쨌든 홍등가에서의 '인연'이 없었다면 조선의 운명은 어떻게 흘러갔을지 모를 일이다. 아름다운 인연과 결초보은이 동아시아의 운명을 바꾸는 데 이바지했고 그 중심에 홍순언이 있었다.

어떤 이는 임진왜란, 정유재란의 일등공신은 조선에 이순신, 홍순언이 있었고, 명나라에 병부상서 석성과 편갈송 장군이라고 평하기도 한다. 편갈송은 류 씨와 내외종이어서 서생까지 왔고 천 장군과 함께 귀화 황조인皇朝人으로 예우받았다. 후손은 의병과 독립운동에 헌신했다. 석성은 막대한 군비 소모에 책임지고 투옥되었고 두 아들은 어머니와 함께 조선에 귀화해 해주와 성주 석씨의 시조가 되었다는 설이 있다.

울산과 언양의 민폐소

　오늘날 언론이나 국민청원처럼 조선 시대에도 국가 정책과 운영에 대한 의견을 국왕에게 개진하는 방법이 있었다. 바로 '상소 제도'이다. 글을 아는 지식인층에 국한되었지만, 형식상 백성은 누구나 자신의 주장을 펼칠 수 있는 제도적 장치였다.

　울산에도 유명한 상소문이 전한다. 울산의 폐단을 개선하기 위한 〈蔚山民弊疏〉와 언양 고을의 폐단을 조목조목 밝혀 제거해달라고 왕에게 청하는 〈彦陽陳弊疏〉이다. 〈울산민폐소〉는 17세기 울산도호부사 박명부가 작성했고 〈언양진폐소〉는 16세기 언양 현감 임훈의 상소문이다.

　박명부(朴明榑, 1571~1639)는 1630년 3월 1일에서 1631년 10월 12일까지 울산도호부사를 지냈다. 〈울산민폐소〉는 1915년 후손들이 펴낸

《지족당문집》에 실려 있다. 흔히 〈울산민폐소〉를 '종이 한 장에 기록한 임란 후 울산의 각종 적폐'를 확인할 수 있는 매우 중요한 자료라 한다. "울산을 다스리는데 불타는 것을 구하고 물에 빠진 것을 건지듯 급히 개혁하지 않으면 장차 고을이 되지 못할 것"이며 감사나 관리들은 "어디나 다 그렇다." "어쩔 수 없다"라는 핑계뿐이라 "소와 양의 죽음을 서서 볼 수 없다"라고 한탄하면서 왕께서 살펴 바로 잡기를 바란다는 글로 시작한다.

폐단은 5가지로 정리했다. 군민 수보다 군사가 과다하게 책정돼 군세가 큰 부담이라는 군오軍伍의 폐단을 시작으로 모든 여건이 불리한 울산에서 전투함을 만들고 수군 훈련에 참여를 강제하니 군민의 원망이 크다는 전선戰船의 폐단, 더 많은 세금을 거두려고 실제 존재하지 않는 허수의 농토가 너무 많다는 전결田結의 폐단, 말 사육사가 턱없이 부족하다는 목장牧場의 폐단, 관청의 아전과 하인의 과부족으로 업무 처리가 어렵다며 시정을 요구하는 관속官屬의 폐단 등이다.

〈언양진폐소〉를 올린 갈천 임훈(1500~1584)은 온건 개혁 지향의 처사형 사림으로 1566년 8월 2일 언양 현감이 됐다. 〈언양진폐소〉는 부임 1년 만인 1567년 명종이 재해로 인하여 방책을 구하자 언양현의 여섯 가지 폐단을 요약해 아뢴 상소이다.

"언양이 현이 된 지 오래지만 땅이 좁고 백성이 적다. 근자에 해마다 흉년이 들고 전염병이 만연해 떠도는 자와 죽은 자가 늘어나 6~70년 동안 농토가 황폐화해 고을이 텅 비었다. 한 고을에 많으면 20여 호 적으면 10여 호에도 못 미치니 장차 현으로 존속할 수도 없다. 지금 살아남은 백성으로는 비록 지혜 있는 관리라 해도 이전의 읍세를 이루고 백성의 삶을 보장하기는 어려울 만큼 진폐하게 되었다." 근래 계속 흉년이 들어 삶의 터전을 떠나는 사람이 늘어나고 농사를 지을 수가 없으니 농토가 황폐해졌는데도 관청은 어찌하여 평시와 같이 세금을 거두어들이는지, 백성들의 고통이 가중되고 있다는 하소연이다. 백성들 실정을 제대로 파악하지 않고 관행에 따라 세금을 거두는 것은 잘못이라는 지적이며, 철저한 현지 조사를 통해 세금 면제나 낮춰주는 등 폐단을 바로잡아야 한다고 청한 것이다.

내용은 6가지다. 수군의 역을 담당하는 호가 없어졌다는 水軍絕戶, 언양에서 바치는 공물은 현지에 있지도 않고 유망流亡과 절호자絕戶者의 것이니 마땅히 면제되어야 한다는 陳田貢物, 진상품을 채집하기 위해 산속을 뒤지며 사냥하는 고역을 감내하는 현실을 고발하는 進上山行, 그리고 其人價木과 往年陳債이다.

민폐소는 백성을 위해 적폐를 청산하고자 한 수령들의 개혁 의지가 담긴 상소로 '세상을 살리려는 선비의 곧은 목소리'였다. 그런 수령이 울산과 언양에 재직했다는 것이 자랑스럽다.

불의와 부정부패에 항거한 울산 사람들

 삼정문란과 세도정치의 폐해로 1862년(철종 13년) 임술 농민 봉기가 전국적으로 일어나자 울산 농민들도 과도한 환곡 운영에 저항해 민란을 일으켰다. 경상좌병사 정주웅이 4천 석의 환곡을 신설해 8개 면민에게 분배하자, 농민들이 분노했다. 그러자 좌병영은 지금까지 8개 면민이 부담하던 다른 세금을 덜어 다른 5개 면민에게 부과했고 안 그래도 죽을 지경이었던 해당 면민이 반발한 것은 당연했다.
 1862년 4월 1일 주민들은 일제히 동헌으로 몰려가 부사 서긍순에게 억울한 사정을 알리고 시정을 요구했고 부사는 순순히 협조를 약속했다. 이에 용기를 얻은 주민들이 좌병영으로 몰려갔다. 가는 도중 향리의 집 8채를 파괴했다. 주민들의 집단 저항에 위협을 느낀 좌병사는 병영성의 문을 모두 닫고 군사들에게 무기 사용과 발포까지 명했다. 주민 두 명이 총에 맞아 죽고, 두 명은 창에 찔려 죽는 등 다수의 부상자가 발생했다. 이 민란은 중앙 정부에 보고되지 않았다. 그해 7월 경상좌도 암행어사 박이도가 뒤늦게 보고한 뒤 신설 환곡을 울산과 좌병영 관할 경상좌도의 여러 고을에 고루 부과하는 방식으로 주민들을 달랬다.

1875년(을해년) 4월엔 '울산 을해민란'이 발생했다. 동헌과 병영, 목장이 있던 3곳을 뺀 울산 12개 면민 수천 명이 일으킨 반봉건 농민항쟁이었다. 아전 김양서의 공금유용으로 인한 손해를 주민들의 토지세로 충당하라고 한 부사 정기대의 사건 처리가 도화선이 되었다. 아전 김양서는 울산도호부 이방 자리를 놓고 다른 후보와 과도한 경쟁을 벌이다 공금에 손을 대고 말았다. 2만 7,300여 냥을 유용한 뒤 일부를 갚고 1만 5,800여 냥은 갚지 못했다. 부사 정기대는 공금유용 행위를 처벌하지 않고 오히려 주민들에게 결세를 추가로 부과해 유용된 공금을 메꾸려 했다. 또 김양서의 도주를 방조하니 주민들이 이를 두고 볼 수가 없었다.

주민들은 4월 10일 남창(또는 굴화)에서 수천 명이 모여 회의를 열어 봉기를 결의했다. 울산부사 정기대는 농민들 이야기를 듣지 않고 장교들을 보내 강제해산을 시도하며 몇 명의 주민을 체포했다. 농민들은 4월 15일 동천에 다시 모여 관아와 객사에 몰려가 시위를 벌이며 20일까지 아수라장을 만들면서 농민항쟁을 본격화했다. 울산부사 정기대를 고을 밖으로 추방해 부사직을 박탈했고 아전들의 집 30여 채를 부수고 아전들을 끄집어내 두들겨 팼다. 분노에 찬 농민들이 질 나쁜 아전을 불태워 죽이려고도 했다. 정부는 안핵사按覈使 홍철주를 파견해 민란 원인 조사와 수습을 명한 뒤 6월 12일 정기대를 전라도 고산현에 유배 보냈다. 이방 김양서의 목을 벤 뒤 주민들에게 효수(공개 전시)하고, 다른 아전들도 모두 전라도 섬으로 종신 유배 보냈다. 민란 주도자인 주민 박남표·김연암·이충감 등은 7월 병영에서 효수되었고, 19명은 유배, 27명은 엄벌에 처했고 9명은 훈방했다. '1875년 울산 을해민란'은 19세기 후반 조선 사회의 모순이 울산에서 제대로 터진 것이다. 이러한 농민항쟁은 중세 사회의 해체를 앞당기는 역할을 했다.

동학농민혁명이 일어난 1894년 8월 울산과 언양 농민들도 아전들의 집을 불태우는 등 아전들의 극심한 수탈과 부정부패를 참지 못해 항쟁했다. 첫 봉기는 경상좌도 병마절도사 구종서의 설득으로 해산했다. 8월 20일 재봉기했다. 약속을 어겨서인데 동학의 핵심 최달곤이 부사에게 농민항쟁에 대한 책임을 따지면서 병마절도사와 면담을 요구했다.

근대 개항기에도 울산의 저항은 식지 않았다. 간곡역주민항조운동과 1921년 3월 울산 해녀 분쟁, 1930년 대보 둑 수리조합 분규, 1931년 2월 울산 자동차 운전수 동맹파업 등이다. 울산의 전통인 상무예정신이 발휘된 사건들이다.

조선 최초로 대對 서양전을 승리한 김기명

19세기 조선은 처음으로 서양과 전쟁을 치렀다. 조불 전쟁 또는 병인양요다. 1866년 10월 천주교 탄압을 빌미로 프랑스군이 침략, 강화도를 점령한 것이 도화선이 되었다. 임진왜란과 병자호란에 이어 조선이 당한 세 번째 외침이었다.

병인양요의 강화도 전투 중심에 언양 사람 김기명金沂明이 있었다. 10월 16일 강화를 점령한 프랑스군은 막강한 화력을 퍼부었다. 이때 양헌수는 화력에서 절대 열세인 우리가 상대를 제압하려면 정면승부는 절대 불리하고 기병 작전뿐이라고 판단해, '어융방략禦戎方略'으로 강화도 수복 작전을 세웠다. 달이 없는 야음을 틈타 심야 잠도작전潛渡作戰을 전개해 강화해협을 건넜다. 11월 7일 549명의 군사를 정족산성에 잠입시켰는데 초관(哨官, 하급이지만 핵심 지휘관) 김기명이 성에 잠입한 후 포수 161명을 지휘해 남문을 굳건히 지켰다. 프랑스군은 전사자 6명 포함 60~70명의 사상자를 냈으나 조선군은 전사자 1명, 부상자 4명뿐이었다. '정족산성 승첩'의 순간, 주역은 김기명이었다. 양헌수와 김기명은 서양인과 싸워 이긴 최초이자 유일한 조선인이자 조선군 지휘관이다.

승전 후 고종은 논공행상을 가려 포상과 시상, 승진을 지시했다. 1866년 10월 24일(음) 의정부가 "김기명은 적은 수의 군사로 대적하여서 한 발자국도 옮기지 않고, 성을 나와 추격해서 흉악한 도적을 활로 쏴 쓰러뜨렸습니다. 자급을 더 하고 영장의 이력을 허용하였습니다."라고 보고했다.

김기명은 1859년(철종 10) 34세에 증광시 무과 병과 151위로 합격해 무관의 길에 들어섰다. 1826년(순조 26)생, 본관은 김녕이며 거주지는 언양. 부친 김상규는 유학幼學이었다. 《고종실록》에 그의 이름이 6번 나온다. 무관 인사 기록과 신도 첨사 시절 이양선 침범에 대한 정탐 보고와 퇴치 내용 그리고 동래 감목관 겸 다대첨사 때 해마다 보유 중인 말 숫자와 건강, 출산 등 상태를 파악해 서울에 올린 보고서이다. 김기명은 적은 병력으로 정족산성 승첩을 이끈 뒤 왕의 치하와 시상에 이어 전공을 인정받아 강화도의 중군(종2품 무관직, 軍營의 대장)이 되었다. 곧바로 오위장(종2품 무관)으로 승진했고, 이후 웅천현감 신도첨사 충익장 등을 거쳐 1879년 6월 다대(포)첨사가 되었다. 이를 끝으로 관직에서 물러나 세거지였던 고향 삼남 신화리에 살다 고종 1885년(고종 22)

향년 60세로 사망했다.

　울주군 삼남면 신화리 마산마을 중간에 1930년에 건립된 '경의재景義齋'가 있다. 화계공華溪公 김기명의 위패도 봉안해 해마다 음력 4월 15일 제향을 올린다. 통도사 입구 무풍한송로 바위에는 '金沂明'이란 새김 글이 있다.

　그는 우리 역사상 처음 마주한 서양인과의 전투에 지휘관으로 최초로 승전한 무관이다. 울산뿐 아니라 서구 열강에 맞선 19세기 조선사에서 꼭 기억해야 할 언양 사람이다. 지금도 세계는 러시아의 우크라이나 침공과 트럼프의 관세전쟁 등 전쟁의 그늘에서 벗어나지 못하고 있다. 자유와 평화는 그저 주어지는 것이 아니라 피의 대가이며 이를 지키기 위해서는 강력한 무력, 즉 전쟁 억지력을 갖춰야 한다. 강한 군대와 첨단무기 그리고 양헌수 같은 전략가와 김기명 같은 지휘관을 보유하면 금상첨화다. 김기명! 그는 평소에 "나랏일을 하다가 죽기를 바랄 뿐"이라는 말을 남겼다.

세종이 무한 신뢰한 이예

조선 전기, 통신사의 원형이자 전문 외교관이며 한류의 원조는 울산 사람 이예(李藝, 1373-1445)였다. 세종대왕이 대일 외교 분야에서 무한 신뢰를 보낸 주인공이다. 학성 이씨 시조로 호는 학파, 시호는 충숙공이다.

선생은 태종과 세종대에 걸쳐 44년 동안 무려 40여 차례 일본과 대마도, 유구국(琉球國, 오키나와), 이키섬壹岐島 등을 오가며 외교 사명을 빈틈없이 수행했다. 포로로 끌려간 동포 667명을 찾아 쇄환했다. 일본인의 존경을 받기도 했던 조선의 외교관이었다.

조선이 건국된 지 5년 후인 1397년 1월, 대마도 왜구 비구로고가 3천 명을 이끌고 울주에 상륙해 난동을 부렸다. 왜구들이 칼을 휘두르며 행패를 부리고 울주지주사 이은 등을 납치했다. 이때 관원 대부분은 달아났으나, 스물네 살의 젊은 기관, 이예는 달랐다. 왜선에 몰래 숨어 들어가 바다 한가운데서 신분을 밝히며 "지주사를 모시겠다."고 자청했다. 왜구들은 이예의 충심에 감동하여 이은과 함께 대마도로 데려갔다. 우여곡절 끝에 이듬해 통신사와 함께 귀환하니 조정은 아전 신분을 면제하고 양반 신분을 주었다.

1385년 8세 때 어머니가 왜구에게 납치당했다. 그날 이후 그는 어머니를 되찾겠다는 결심을 품고 살았다. 왜구의 울주 습격은 그에게 하늘이 내린 기회였다. 이후 이예는 본격적으로 일본을 왕래하며 대일 외교 무대에 오른다.

1401년 이키섬에 파견돼 포로 50명을 데려왔고(학파실기), 1406년엔 남녀 70여 명을 송환(태종실록)했는데 《태종실록》을 공식적인 선생의 첫 포로 송환으로 본다. 1416년 1월, 태종이 이예를 콕 집어 "유구국에 가 왜구에게 포로로 잡혔다가 노비로 팔려나간 조선 백성이 많으니 송환해 오라."는 특명을 내렸다. 통신관 이예는 6개월 만인 7월 23일 44명의 포로를 데려왔다. 이 과정에서 호조 판서 황희가 여러 이유로 반대하자 태종은 단호했다. "고향을 그리는 정은 귀천에 차이가 없다. 그대의 가족이나 친척 중에 그리 잡혀간 자가 있다면 번거롭거나 비용이 든다고 따지겠는가?"

세종은 이예를 더욱 각별히 여겼다. "대마도에 몇 번 다녀왔는가?"라고 묻고, "열여섯 번입니다."라고 하자 갓과 신발을 하사하며 당부하길, "모르는 사람을 보낼 수 없다. 믿을 자가 그대뿐이니 귀찮게 여기지 말라."라며 미안해했다. 대신들은 일본 사행을 꺼리고 몸을 뺐지만 이예는 험하고 위험한 길을 마다치 않고 자청했으니 얼마나 고마웠겠는가. 세종은 종종 특별 선물을 내리고 무한 신뢰를 보낸다. 탄핵이 들어올 때마다 직접 변호했다. 상사나 부하의 잘못으로 세 차례 탄핵 당했는데 세종은 "이예는 죄가 없다."라며 매번 불문에 부쳤다. 어떨 땐 이예의 실수를 인정하면서도 "이미 끝난 일은 더이상 거론하지 말고 향후 대책이나 논의하라."고 옹호했다.

이예는 단순한 외교관이 아니었다. 대마도와 일본의 정치 구도, 지역 간 권력 관계, 왜구의 동향까지 꿰뚫었고 대장경을 일본에 전하고 자전 물레방아를 도입했다. 또 사탕수수 재배와 보급, 민간에 의한 광물 채취 자유화와 과세, 외국 조선 기술 도입을 건의해 첨단무기 제조에 공헌하고 현대의 구축함이나 쾌속정 같은 전투함을 도입해 국방력 증강에도 이바지했다.

1443년, 선생은 마지막으로 대마도주와 계해약조를 맺었다. 이 조약 후 중종 때까지 100여 년간 한 번도 왜구의 침입이 없었다. 제2, 제3의 이 예가 있었다면 임진왜란이라는 재앙도 없었을 것이다.

기록으로 본 울산의 자연재해

"울산에서 땅이 갈라지고 물이 솟구쳐 나왔다." 1643년 7월 24일(음력 6월 9일) 울산 앞바다에서 지진이 발생했다. 바닷물이 육지를 뒤엎은 쓰나미로 진도 6~7 규모였다. 그 해 실록은 4번의 지진 기사를 전하는데 '울산 대지진'이 가장 상세하다. "이달 9일 신시(15시~17시)와 10일 진시(07시~09시)에 두 차례 지진이 일어나 울산부 동쪽 13리 되는 곳에서 바다 가운데의 큰 파도처럼 물이 격렬하게 솟구쳐서 육지로 1, 2보까지 밀려 왔다가 도로 들어갔으며, 마른논 6곳이 갈라져 샘처럼 물이 솟더니 때가 지나자 다시 메워졌는데 물이 솟아난 곳에는 각각 흰 모래 1, 2말이 나와서 쌓여 있었다." 쓰나미에 모래 화산 폭발과 논밭 유실, 토양 액상화까지 일어났다는 말이다.

이밖에 "1639년 경상도 울산에 지진이 일어났는데, 그 소리가 우레와 같았다." 등 실록의 지진 기록은 무려 1,899건에 이른다. 중종 때 464건으로 가장 많았고 명종 343건, 숙종 221건, 세종 141건 등이다. 경상도에서 발생한 것은 모두 350여 건, 다른 곳에 비해 100건이 더 많다.

기록상 울산 최초의 대홍수는 조선 태종 때 발생했다. 1405년(태종 5) 7월 29일 강풍과 폭우가 발생해 울주 등 여덟 고을에 물이 범람해 작황 손실이 6~70%, 큰 나무가 뽑혔다. 농사를 완전히 망쳐 백성들 삶이 고단해졌다. 1410년 11월 언양 지진, 1427년 9월 15일 언양과 울산 지진, 1428년 5월 울산 태풍 피해, 1430년 4월 중순 울산 지진, 1431년 5월 울산과 기장 지진도 있었다. 1439년 6월 울산 등 짙은 황무현상이 있었고, 1641년 10월 22일 "울산에서 일곱 자 크기의 황백색 돌이 바다 수심이 반 발把 되는 곳에서 육지의 바위 위로 이동하여"라는 기록과 심각한 가뭄이 발생했다. 1442년(세종 24) 6월 울산에 심한 가뭄이 들어 기우제를 지냈다. 영농기 수개월 동안 비가 내리지 않았고 주민이 벼락 맞아 죽기도 했다. 1452년 6월 울산군 백성이 벼락에 맞아 죽자 괴이한 일이라며 해괴제解怪祭를 지냈다. 1479년(성종 10) 8월 중순 언양 수재로 흙더미에 깔려 죽은 사람이 20여 명, 31가구의 집이 파손됐다. 1512년 4월 울산 지진, 1516년 7월 울산 해일(민가 17채 유실)과 이듬해 여름 언양 수해, 그다음 해 언양 우박 피해, 1520년부터 1534년 사이의 우박과 적조, 지진 피해, 벼락 맞은 사망자 발생 등 실록에는 울산 재해 기사가 많이 등장한다.

1399년 7월 중순 울주에 적조 현상이 크게 번져 수령들이 통도사에서 기양제를 지냈는데 바닷물이 붉어서 피와 같았다. 1526년 울산 등 경상도에 전염병으로 220여 명이 죽고 메뚜기가 습격해 수확할 농작물이 없을 정도로 다 먹어치웠다. 임금의 명으로 범서 입암에서 제를 지냈다. 1647년 4월 5일 (울산에) 대낮에 별이 뜨고 땅에서 우레가 치고 노랑나비의 변괴도 있었다. 1670년 여름 언양 홍수로 수십 명 사상자에 수백 채의 집이 무너졌고 10명이 숨졌다. 괴질로 열흘간 34명이 숨졌다. 19세기 일성록에는 울산의 홍수피해가 많이 확인된다. 12개 고을에 한 보지락 비가 내렸고 비바람이 불어 울산의 집채가 121호가 무너졌고 익사자가 3명(1830. 8. 19)이었다. 1826년 8월 26일 민가 212호가 무너졌고, 1831년 7월 17일엔 민가 78호, 1832년 7월 28일 무너진 집채 67호, 1833년 7월 1일 민가 101호가 무너졌고 물에 빠져 죽은 사람이 2명, 풍랑으로 실종된 어부가 9명 등이었다.

조선의 왕은 백성이 재해를 당하면 반찬 수를 간소減膳하게 차리고 물에 밥 말아 먹고(水飯) 술(御醞)을 멀리했다. 백성의 고통을 함께 나누고자 애썼다. 조선의 왕은 적어도 이런 자세와 처신으로 애민과 긍휼의 마음을 표현했다. 이것이 조선의 민본정치의 기본이다.

울산의 재팬타운 '염포'

신라가 외부 도래인과 만난 항구로 가장 먼저 기록된 곳은 석탈해가 나온 경주시 양남 하서리 아진포이다. 석탈해가 수로왕에게 패해 경주로 도망갈 때 울산 바다를 지나갔다. 박제상은 울산 율포에서 배를 띄웠고 미사흔은 귀국길에 울주 범서 굴헐역에서 백관의 영접을 받았다. 처용설화와 8세기 이후 아라비아 상인들의 내왕까지 고대 울산항은 신라의 중요한 외항으로서 출입항의 기능을 다했다.

조선 왕조는 삼포를 개항해 왜의 교류를 허용했다. 염포는 일본인이 편하게 내왕할 정도로 가까운 항로상에 있었다. 염포 거주 왜인은 1420년 세종대에 10호였는데 1430년 부산포·염포에 대마도와 왕래하는 일본선이 20여 척, 왜관에 상주한 왜인 100여 명(남녀 포함)이 활동했다. 1436년 96명을 돌려보냈는데 해마다 증가했다. 1466년(세조 12

년) 경상도 관찰사가 조사한 염포 거주 항거 왜인은 36호(삼포 거주 1,650여 명)였다가 1475년엔 34호(128명)로 남자 42명 여자 43명 승려 1명과 1곳의 사찰이 있었고 이 해에 13호를 대마도로 돌려보냈다. 1494년엔 51호 152명이 염포에 거주했고 사찰과 승려는 없어졌다. 성종 대 왜인의 선박이 15척이나 있었다. 삼포 개항 때 염포의 왜인 수가 60명으로 한정했는데, 1510년(중종 5) 삼포왜란 때 확인하니 120여 명의 왜인이 상주하고 있었다.

교역품은 1451년 일본 이키섬 사신에게 염포 왜관이 쌀 10석, 콩 10석, 면주 4필, 정포 38필을 제공한 사실이 있어 당시의 왜의 수입품을 알 수 있다. 당시 왜의 사절은 염포에 상륙해 언양·경주·안동을 거쳐 서울로 가도록 정해져, 염포는 좌로左路의 시발지였다.

염포 왜관은 삼포 중 가장 늦게 지정되었고 사신 접대용으로 설치된 왜관이다 보니 규모가 크지 않고 협소해 연회용 상이나 그릇도 제대로 갖춰지지 않았다. 나라의 사신이 와도 성 밖의 사찰이나 항거 왜인의 집에 머물 수밖에 없었다. 1417년 10월 22일, 태종은 염포에 만호를 설치해 방어력을 강화하는 한편, 왜관 설치를 건의받아 1418년 염포와 가배량에 왜관을 설치해 삼포 왜관 체제를 완성했다. 삼포왜란에 이어 1512년 임신약조 체결로 염포 왜관은 폐쇄되었다.

염포를 통해 우리의 차 문화를 일본에 전했다는 설은 특기할 만하다. 경주 용장사에 있던 매월당 김시습이 염포에 와서 외교승 俊에게 초암다도를 전해주고 이 인연으로 일본 전통 다실인 초암다실이 1465

년에 지어졌다는 주장이다.

　염포 왜인들의 행패도 더러 있었는데 1414년 8월 7일(태종 14년) 염포 거주 왜인 105명이 난동을 부렸다. 자신들이 요구한 범종을 제때 주지 않는다는 이유로 칼을 뽑아 울주 사람을 찌르고자 위협했다. 그리고는 왜선을 타고 도주했다.

　삼포 왜관이 그랬듯이 염포 왜관도 교역의 장소이면서 관에 장부를 두어 명기할 정도로 유녀遊女가 자주 드나들었다. 초기 왜관은 '작은 일본인 마을' 즉 Japan Town이란 비유가 틀리지 않는다. 당시 왜인은 상주 왜인과 장사하며 이익을 챙기는 흥리왜인, 사절인 사송왜인, 조선의 관직을 얻은 수직왜인, 귀화한 향화왜인(항왜) 등으로 나눴는데 이들이 뒤섞여 염포를 드나들며 장사하고 상주했다. 염포는 외교와 상업, 무역과 문화교류는 물론 인적교류가 자연스럽게 진행되었던 장소로 조선 초기 울산판 재팬타운이 있었던 신도시였다.

눈 떠보니 홋카이도

17세기 일본 홋카이도로 떠내려간 조선인이 있었다. 울산 어부 넷을 포함한 이지항 등 8명이었다. 1696년(숙종 22년) 4월 13일, 울산에서 출발한 배가 고장으로 표류하다 일본 홋카이도에 닿았다. 해류를 따라 남쪽으로 내려가지 않고 울산보다 북쪽으로 떠내려갔다. 동해안을 따라 경북과 강원 쪽으로 올라가다가 조난을 당해 망망대해를 떠돌다 일본 땅에 닿았는데 홋카이도 최북단 에조치蝦夷地, 아이누족이 사는 땅이었다. 이런 사실은 이지항의 〈표주록漂舟錄〉에 나온다. 조선인 8명은 홋카이도에 표착한 뒤 삿포로와 쓰루가 해협 등을 거쳐 에도까지 갔다. 배를 몬 네 명이 모두 울산 사람이었다. 이들은 1년여가 지난 1697년 3월 5일 부산포를 통해 귀국했다.

이지항은 1647년생으로 본관은 영천, 동래에 살았다. 1675년(숙종 1)

병과 37위로 급제, 수문장과 수어청 군관을 거쳐 장관(6품)에 임명되었다. 처음엔 경상도 영해로 가려다가 강원도 연해를 돌아다니며 어물을 파는 상인을 만나 항해에 나섰다. 당시 고향에서 부친상을 치르고 영해에 가려던 차에 부산 사람 공철孔哲과 김백선金白善이 "읍에 사는 김여방과 어물 판매를 같이하는데 배를 타고 강원도 연해의 각 고을을 다니는데 영해를 지나간다."며 동승을 권했다. 배가 울산에서 출발한 것은 노를 젓고 배를 운항하는 사람이 모두 울산 바다의 어부였기 때문이었다. 울산 서낭당 마을의 김자복(金自福·61살)은 사공, 김귀동(金貴同·41), 김북실(金北實·40)과 김한남(金漢男·27)은 격군이었다. 이지항(50살)은 선달이었고 첨지 김백선(71), 비장 공철(33)과 김여방(35)은 생선 장수였다. 김 첨지는 18세 때 통신사를 따라 에도와 대마도에 몇 번 다녀온 일이 있어 일본말을 조금 했다. 일행은 울산에서 출발해 동해를 돌아 북쪽으로 항해를 시작했다. 바람이 거세 포구마다 들러 정박하느라 10여 일을 보낸 뒤 4월 28일부터 표류가 시작됐다. 오후에 갑자기 횡풍橫風이 크게 불어 파도는 하늘에 닿을 듯하고 닻(尾木)이 부러지고 노가 부서져 바다에 빠져 죽을 뻔했다가 큰 바다로 떠밀려 표류했다고 했다.

표류 7일째, 물이 다 떨어져 바닷물을 솥에 담아 솥뚜껑을 거꾸로 닫고 소주 내리듯이 증류수를 받아 기갈을 해소했다. 8일째 물개 한 마리가 나타나 배를 따르자 김북실이 칼로 찔러 죽이려 하는 걸 이지항이 제지했다. "물개가 배를 따르는 건 점괘를 만드니 천지비괘天地否

卦를 얻었다. 괘는 비록 불길하나 세효世爻가 재효才爻를 띠었고 일진이 복덕에 닿으니, 우린 반드시 죽음을 면할 것이다."라고 해석하자 모두 관세음보살을 외웠다.

출항 한 달여, 표류한 지 보름 만인 1696년(숙종 22) 5월 12일 오후. 배가 일본 홋카이도 육지에 닿았다. 첫 정박지는 西蝦夷 諸毛谷. 아이누인과 일본인들과 대화하며 도움을 받아 9월 27일 에도에 갔다. 다시 오사카성을 거쳐 12월 14일 대마도에 정박한 뒤 이듬해인 1697년 2월 왜선을 타고 출항, 3월 5일 부산에 안착했다.

조선 후기 일본 표착 표류민 연구를 보면 1643년~1751년의 100여 년간 206회의 송환이 있었고 18, 9세기 송환에 울산 거주자나 울산 출항 횟수가 가장 많았다. 신분은 대부분 노비 등 천민이고 다음으로 양인과 약간의 양반(品官·出身·전직관리) 순이었다. 직업은 전부 사공, 해척, 해부였고 여자와 승려가 많은 점이 특이하다. 당시 물질하는 처자를 배에 태우거나 승려의 상행위가 활발했다는 증거로 해석한다. 울산해역은 청어와 소금 산지로 유명했다. 울산 소금은 장기 영덕 부산 등 인근뿐 아니라 강원도 양양, 함경도 북청이나 함흥까지 배로 운송, 판매했고 전라도와 울진, 삼척에서 온 배들도 소금을 사 갔다.

울산 어민들의 일본 표류와 송환에 대한 연구는 한일교류사의 한 분야로 울산 역사에 중요한 지점이다. 성과가 없어 안타까울 뿐이다.

세종실록 지리지 50P 셋째 줄

"세종실록지리지 50P 셋째 줄~♪♪" 1982년, 정광태의 〈독도는 우리 땅〉이 전국에 울려 퍼지자, 국민 모두 순식간에 '독도 학습자'가 되었다. 남녀노소 없이 독도의 위치, 주소, 연간 강수량, 주요 어종, 심지어 신라 이사부 장군이 지증왕 13년에 독도를 정복했다는 사실까지 읊조리게 되었다. 이 노래 덕분에 '세종실록지리지'는 누구나 아는 단어가 되었다.

하지만 실제로 '50페이지 셋째 줄'은 존재하지 않는다. 해당 기록은 《세종실록》 57책 153권, 지리지 강원도 삼척도호부 울진현조에 실린 다음의 문장이 맞다. 가요는 이를 응용한 것이다.

"우산于山과 무릉武陵 두 섬이 현의 정동 쪽 바다 가운데에 있다. 두 섬이 서로 거리가 멀지 아니하여 날씨가 맑으면 바라볼 수 있다." 이

기록은 조선 시대에 독도가 울진현 우산국의 일부였음을 나타내며, 이로써 독도가 조선의 고유 영토였다는 근거로 자주 인용된다.

'세종실록지리지'는 《세종실록》에 붙은 지리 부록이다. 오늘날 구글 지도나 내비게이션, 지역 정보 블로그에 해당한다. 책冊은 단행본 1권(volume)이고, 권卷은 오늘날의 장(章, chapter)과 비슷한 개념이다.

조선은 '지리지의 나라'였다. 《신증동국여지승람》을 비롯하여 다양한 지리지가 국가 주도로 편찬되었다. 중앙에서는 전국 지리지, 도 단위는 도별 지리지, 각 읍과 군은 읍지를 제작해 행정과 군사, 세무, 교통, 풍속 등을 관리했다. 국가 주도의 공식 편찬물을 관찬官撰 지리지라 하고, 이후 개인이나 지방 유생들에 의해 간행된 사찬私撰 지리지와 구분했다. 1800년대 이후 나온 울산의 학성지나 김정호처럼 개인(혹 민간)이 편찬한 것이 사찬이다. 흔히 쓰는 여지도輿地圖는 '땅의 정보를 수레에 담듯이 종합적인 내용을 정리했다.'라는 뜻이고 승람勝覽은 '모두 볼 수 있게 한 것'이니 관광 가이드 북에 가깝다. 《동국여지승람》은 1481년(성종 12년)에 '우리나라의 지리를 모두 볼 수 있는 책'이란 뜻을 담아 편찬되었다. '여지승람' 또는 '승람'이라고도 한다. 동국東國은 '중국의 동쪽에 있는 우리나라', '여지'는 만물을 싣는 수레 같은 땅(지구)을 가리키는 지도란 뜻이다. map보다는 그것을 포함한 풍물기인 지리지를 말한다. '흥려승람'은 흥려부 즉 울산의 모든 지리 정보를 모은 책이다.

울산 최초의 읍지는 1749년 권상일이 편찬한 《학성지》 초고본이다.

전국적으로 읍지가 활발히 편찬되던 16세기 후반에 비해 늦은 이유는 울산이 학문보다 무武를 숭상하고 상업이 활발한 지역이었기 때문이다(好商賈尙武藝). 비록 정식 출판은 아니었지만 《학성지》는 이후 울산 읍지의 기준이자 모태가 되었고 여러 종의 읍지를 연결한 다리 역할을 한 18세기 울산의 인문·행정·지리 정보를 포괄한 종합 자료였다.

이후 울산읍지는 현재 16종 정도 확인된다. 세종실록지리지, 경상도속찬지리지, 신증동국여지승람, 학성지와 1786년의 《울산부여지도신편읍지》, 1831, 1832년 《울산부읍지》, 1871년 《영남읍지 울산부편》, 1889년 울산군읍지와 1894년, 1902년, 1934년의 관찬 읍지에 이어 1937년 《흥려승람》까지 이어진다. 대부분 《학성지》를 본으로 하면서도 항목 구성이나 지도 채색 등에 차이를 보인다. 언양은 1757년 《헌산지》, 1841년 《언양현읍지》와 1916년에 등사본 '헌산지'가 재간행됐다. 언양현은 1914년에 울산과 통합했다.

정택경, "백성 사랑에 상하가 어딨소"

정조가 각 도의 고과 보고서를 살피다가 "정택경이 누구인가?" 하고 물으니 승지가 대답했다. "강진의 무변입니다." 왕이 말하길, "고과의 제목으로 볼 때 필시 상사와 다투어 굴하지 않은 것이로다. 변두리 고을의 한미한 무변이 능히 이같은 고과를 받았다면 필시 그 사람은 쓸 만한 사람이다."라고 칭찬하고 인사 부서에 명하여 발탁 등용케 했다. 며칠 뒤 안동 토포사로 임명했다. 1791년 10월 1일이다. 토포사는 수령이 겸직한 진장 또는 영장으로 정3품 당상관이다. 종6품 무관인 언양 현감을 정3품 안동영장으로 발탁한 것은 파격 인사로 특진이나 다름없다. 강직하고 투철한 애민 정신과 충성과 대의를 믿었기에 가능한 일이었다. 조선의 르네상스를 이끈 정조는 인재를 보는 눈과 인재 등용에 결단력을 갖춘 군주였다.

지록위마指鹿爲馬. 단순한 거짓말을 넘어 권력자나 강자의 거짓과 허위, 기만을 아무 비판 없이 맹종하는 사회의 부조리를 고발하는 말이다. 12·3 계엄 당시에도 "아니오"라고 말한 이는 단 한 사람도 없었다고 역사는 기록할 것이다. 아첨꾼과 소인배는 사슴을 보고도 말이라 하며 맞장구를 친다. 어느 시대나 이런 자들은 늘 있기 마련이다. 정택경鄭宅慶, 그는 달랐다. 1789년(정조 13) 언양 현감으로 부임한 뒤 어려움 속에서 언양읍성을 대대적으로 보수한 업적을 남겼다. 그는 상사에 굴하지 않은 강직한 수령의 표본으로 남았다. 다산이 《목민심서》에 특별히 모범 수령으로 따로 소개하고 정조대왕이 특진시켰다는 것은 특이한 사례다. 다산은 "상관인 관찰사의 위엄에도 굴하지 않은 강직한 수령"이라 평하면서 언양 백성의 세 부담을 줄여준 애민적 인물이라 칭찬하고선 "백성의 이익을 위해 감사와 다투며 아닌 것을 아니라 하고 옳은 말을 하니 감사가 굴복했다. 본래 백성을 위한 것이지만 수령에게도 이로운 것"이라고 했다.

정택경은 어느 해 언양의 자연재해를 입어 공부상에서 면해야 토지災結를 파악해 진실되고 가감 없이 경상감사 홍억에게 보고했다. 그러자 감사가 피해를 본 논밭의 양을 줄여 다시 올리라며 압력을 넣었다. 당시의 관행이자 부당한 지시였지만 대부분 따랐다. 모두가 YES 할 때 정택경은 NO라 하고 재차 앞서와 같은 보고서를 올렸다. 이에 감사가 "문반 출신인 옥당 수령일지라도 감히 이같이 하지 못할 것인데 하물며 언양 수령인 네까짓게 이럴 수 있는가?"라며 지시를 거부해

상사의 권위가 짓밟혔다고 화를 냈다. 이에 굴복했으면 특진은 물론 다산이나 임금의 칭찬도 없었을 터. 문이 무보다 한 수 위라는 감사의 위세에 정택경도 크게 화를 내며 "문신과 무신이 비록 하늘과 땅 차이로 구별한다지만 이 백성이나 저 백성이나 다 같이 나라의 녹을 먹는 사람으로 소중한 것은 백성에게 있는 것이지 어찌 관리의 귀천을 논합니까."라고 하며 엄준하게 보고했다. 감사는 사과하고 보고대로 마감해 내려보냈다. 결국, 감사는 연말 고과에 "확실히 강직하고 흔들림 없는 것이 처음과 끝이 한결같다."라고 평가했다. 새 정부 인사에도 정택경 같은 사람 한둘쯤 있으면 좋겠다. 그래야 건강한 조직이다.

빛이 강하면 그림자도 짙은 법. 정택경을 시기하는 이도 있었다. 어떤 선지자도 고향에서 환영받지 못한다고 했던가. 같은 무신인 노상추는 1792.6.22. 일기를 이렇게 썼다.

"정택경이 관청 건물과 군기를 보수한 일로 포상을 청하는 장계가 올라와, 임금이 특혜로 하교해 상을 줬다. 안동 영장으로 영전되었다. 두드러진 치적이 없는데도 경상도 관찰사가 특별히 아뢰므로 이처럼 누구와도 견줄 수 없는 은전을 내렸다. 크게 드러난 공적이 없는데도 나라에서 장려하고 권면하는 은전이 이처럼 넉넉하니, 어찌 나 같은 매우 어려운 운세가 불쌍하지 않겠는가?"

의병장이 된 울산의 백정과 노비

경주 내남의 최진립 장군에게는 종 옥동과 기별이 있었고, 양동마을 월성 손씨 손중로 장군의 마지막 순간에도 억부라는 종이 함께했다. 두 장군은 60대 노구를 이끌고 병자호란의 격전지로 나아가 끝내 순국했다. 또한, 동래부사 송상현이 순절하자, 관노 철수와 매동이는 마지막까지 그의 시신을 수습하며 인仁과 의義를 실천했다.

임진왜란 당시 울산의 백정과 노비가 의병을 일으켜 나라를 지키는 데 앞장선 사례도 신분을 초월한 충절의 사례이다. 백정 장오석張五石과 사노私奴 김선진金善進이 주인공이다. 천민인 둘은 의병 지휘관으로 활약해 임금이 직접 공을 인정하고 관직을 명했다.

1593년 11월 5일(선조 26년), 선조가 "공이 큰데 상이 작았거나 혹 상을 받지 못한 사람들을 모두 말해 보라."고 대신들에게 물으니 밀양부사 박진이 "상인常人인 울산의 백정 장오석과 사노 김선진 등이 모두 역전力戰한 공이 있는 사람들"이라고 답했다. 선조가 "이런 사람에게는 반드시 관직을 제수해야 용동聳動된다."고 말했다.

조정은 1592년 임란이 발발하자 도망 다니던 울산의 경상좌병사 이각을 체포, 참수하고 밀양부사 박진을 후임으로 특진시켰다. 박진은 울산과 밀양에서 전과를 올리고 자신이 본 것을 그대로 왕에게 아뢴 것이다. 상인은 '상것' '천민'이다. 백정과 노비, 기예나 재주꾼, 사냥꾼과 약초꾼들을 말한다.

조선은 양반의 나라였다. 철저한 신분제가 유지된 지배체제를 갖춘 국가였다. 그러나 전쟁이라는 극한 상황에서 신분의 벽은 무너졌다. 1594년 5월 8일, 군공청에서는 천민이 공을 세워 관직에 오르는 것에 대해 논의하며 다음과 같이 정리했다.

"적을 참수하면 천민 신분을 면하게 하고 관직을 내리도록 이미 규정되어 있다. 직을 받은 이상, 사족士族과 다름없어야 마땅하다. 장오돌張吾乭이 바로 그런 경우다."

이때 언급된 장오돌이 바로 울산의 장오석이며, 선무원종공신록 1등 훈련원정 김선진金先進도 실록에 기록된 김선진과 동일 인물이라는 주장이 있다. 그러나 이들의 공훈을 인정하는 것을 양반들이 순순히 받아들이지 않고 반발했다. 조정 신료들은 천민이 높은 벼슬을 받는 것을 탐탁지 않아 했고, 직을 내리는 것 자체를 비난했다. 이에 왕은 오히려 나라의 위기에 공을 세우면 면천수직免賤受職을 합법적으로 하는 것이 사리에 맞는다고 훈계했다.

7년 전란이 끝나고 경상도제찰사 이덕형이 선조에게 보고하기를, "울산읍민들이 왜적을 토벌하는 데 가장 큰 공을 세웠습니다." 선조는 크게 감격하며 화답하기를 "울산읍민이 구사일생으로 산 것같이 우리나라도 망했다가 다시 살아나 강토를 보존하게 되었다. 그들이 의기를 떨쳐 앞장서지 않았다면 나라의 남쪽을 잃은 지 오래였으리라."

선조는 울산의 의사義士 165인에게 술과 포목을 특별 하사하고 1598년 12월 21일, 울산군을 도호부로 승격시켰다. 또한, 1등 7명, 2등 34명, 3등 53명 등 총 94명의 울산 의사를 원종공신으로 포상했다.

영화 〈하얼빈〉의 한 대사가 떠오른다. "조선이란 나라는 어리석은 왕과 부패한 유생들이 지배한 나라지만, 백성들이 제일 골칫거리야. 국난이 있을 때마다 이상한 힘을 발휘한단 말이지."

430여 년 전, 울산의 천민 의병장들이 바로 그 '이상한 힘'을 발휘했다. 백정 장오석과 노비 김선진은 신분을 떠나 오직 나라를 지키겠다는 충정으로 칼을 들었다. 울산의 역사는 이 주인공을 제대로 받들고 추모하고 있는가, 돌아볼 일이다.

울산에도 조선 왕실의 태실이 있었다

　울주군 범서읍 사연리 산 112. 유니스트 정문 오른편(北)에 작은 봉우리의 산이 있다. 정상에 울산유형문화유산 12호인 '경숙옹주 태실과 태실비'가 있다. 태실의 주인공 경숙옹주는 1483년 조선 성종과 숙의 김씨 사이에서 태어났다. 옹주翁主는 조선 시대 임금의 후궁에게서 난 딸이고, 왕실의 태실이 있는 산을 태봉산(胎封山, 胎峰山)이라 부른다.
　태실비 앞면에는 '왕녀합환아기씨태실王女合歡阿己氏胎室', 뒷면엔 '성화 이십일 년 팔월 초 육일립成化二十一年八月初六日立'이라 적혀 있다. 1485년(성종 16)에 세웠다. 태실은 1970년 초에 도굴되었으나, 이후 태항아리 2점과 태지 1점을 되찾아 국립중앙박물관이 소장하고 있다.
　지금은 잘 사용하지 않지만, 예전엔 '안태安胎 고향'이란 말을 자주 썼다. 나의 태를 편안하게 모신 곳, 나의 고향이란 말이다. 그곳은 희망이거나 그리움이고 내 삶이 시작된 곳이다. 경숙옹주의 안태 고향은 태봉산이다. 태는 '잉태'란 뜻 그대로 생명의 시작이자 근원이고 모태, 탯줄이다. 어머니와 연결된 생명줄이니 소중하고 엄숙히 다뤄 보관하다 소각 등으로 깨끗이 처리해야 한다. 생명 존중 사상의 출발점이다.

조선 왕실은 좋은 땅을 골라 태를 묻었다. 음양학을 하는 정앙鄭秧이 세종에게 올린 글을 보면 조선 왕실의 태에 대한 인식이 드러난다.

"남자의 태가 좋은 땅을 만나면 총명하여 학문을 좋아하고, 벼슬이 높으며, 병이 없을 것이요, 여자의 태가 좋은 땅을 만나면 얼굴이 예쁘고, 단정하여 남에게 존경받고 우러러 사모함(欽仰)을 받게 되는데…. 좋은 땅, 길지란 반듯하고 우뚝 솟아 위로 공중을 받치는 듯한 모양을 갖춰야 합니다."

고려와 조선은 왕실의 번영과 왕실 자손들의 무병장수를 위해 전국의 이름난 산에 태를 묻기 위해 명당을 찾아다녔다. 조선 시대에는 왕실 차원에서 체계적으로 태실을 관리하고 일일이 기록으로 남겼다. 왕이나 세자의 자녀가 태어나면 조선 전기에는 태실도감胎室都監, 임진왜란 이후에는 관상감觀象監을 설치해 태를 묻을 곳과 길일을 정해 태실을 조성했다. 대체로 하삼도에 태실이 많았는데 좋은 곳에 태를 묻어야 한다는 강박으로 전국의 길지를 찾다 찾다 서울에서 먼 남쪽까지 내려온 것이다. 성종은 이를 문제 삼아 굳이 하삼도까지 갈 필요가 없으니 경기도에서 찾으라고 명했다. 백성들을 괴롭히지 말고 굳이 멀리 둘 필요가 없단 뜻이다.

성종이 풍수학 관원에게 묻기를 "하삼도에서만 특별히 안태를 하는 이유가 무엇이냐?" 관원이 "멀고 가까운 것을 논할 것 없이 길지를 얻으려는 것뿐입니다."라고 답하자 성종이 전교했다. "백성들은 모두 家山에다 태를 묻는다. 길지를 찾는다고 대길한 응험應驗이 없으니 풍수설은 허탄虛誕하다. 경기도에서 고르도록 하라."

 태봉산은 보통 높고 정결하면서 정상이 둥그런 형태이다. 왕의 태실은 300보, 대군과 공주는 200보, 왕자와 옹주는 100보까지 거리 제한을 뒤 금표禁標 지역으로 설정하고 구역 내 나무를 베는 것도 금했다. 왕실의 태실이 오면 백성들은 얼마나 제약이 컸던가를 알 수 있다.

호랑이 사냥으로 벼슬을 얻은 사나이

"호랑이가 목장의 말을 8마리나 물어 죽였다. 목관이 포수를 인솔해 심종군과 포위하고 산행장 全厚章이 앞장서 잡은 것이 5마리이다." 1746년 6월 5일 울산 감목관 이인석의 첩보 내용이다. 같은 달 30일, "한량 전후장이 호랑이 5마리를 잡은 공이 있으니 특진시켜달라"는 청을 하고 1756년 1월 18일엔 착호인捉虎人 전후장 등에 대한 가자의 은전과 포상을 논했다. 이듬해 10월 17일 울산감목관 원명룡도 "호랑이가 목장에 잇따라 침입해 나라의 말 70필을 물어 죽였다. 조총을 잘 쏘는 절충 전후장이 5마리를 잡았다."는 첩보를 올렸다. 2003년 발견된 남목 마골산의 착호비의 내용도 비슷하다. 전후장이 호랑이 5마리를 잡은 공으로 절충장군에 올랐고 1757년(영조 33)에 또 사냥으로 가선대부에 올랐다는 것이다. 전국 각 목장에서 5마리 이상 호랑이를 잡아

상을 받은 산행장은 1733년~1755년 사이에 11명이다. 울산목장 소속이 7명으로 김기백, 전후장, 신상휘, 이민상, 서익준, 허형, 김중휘인데 대부분 벼슬을 받은 전후의 신분은 알지 못한다. 전후장만 산행장(호랑이 사냥 우두머리), 한량(벼슬하지 않은 말단 양반, 무과급제를 못 한 호반), 착호인에서 절충장군으로 특진했음을 알 수 있다.

고려와 조선 시대 한반도는 호랑이의 땅이었다. 호환은 당시 공공의 적 1호로 조선은 이른바 '호담국虎談國'이라 했다. "조선 사람들 1년의 반은 호환으로 죽은 이 문상 다니고 나머지 반은 호랑이 사냥 다닌다."라는 말도 있었다. 울산도 호환 피해가 심각했다. 1701년 울산의 김정택이 호환을 당했고 1726년 김만철 등 13명이 호환을 당했다. 같은 해 8월에 진원적 등 16명이 호랑이에게 물려 죽었다는 기록이 남아 있다. 울산목장도 피해를 보았다. 방어진에는 본래 방목한 말이 3백60두였는데 고실故失이 57두, 유실遺失이 11두, 호랑이가 잡아먹은 것이 67두였다고 《성종실록》은 전한다. 울산목장에 사나운 호랑이惡虎가 들어와 국마를 잡아먹었는데 그 수가 12필에 달하는 등 날로 피해가 늘어나니 호랑이 사냥꾼을 상당수 배치하기에 이르렀다. 맹수 사냥과 관련된 인원만 88명이었다. 방어진 목장에는 산행장 2명과 포수 33명, 창군 20명 등 55명을 배치했다. 모두 호랑이 출몰을 감시하고 발자국을 추적해 사냥하는 전문가들이었다. 조선은 호랑이 사냥을 위한 전문 직업군인, '착호갑사捉虎甲士'를 두었다. 호랑이 사냥을 전담한 특수부대이자 특공부대로 9급 정도의 신분이었다. 중앙 부대를 착호갑사라 했고 지방엔 비정규군인 '착호인'을 2명씩 뒀다. 울산목장의 전후장이 착호인이었다.

착호군은 국가의 위기 상황에 직접 전투에 참여했다. 임란과 병자호란, 19세기 제국주의 열강과의 싸움에서 전과가 두드러졌다. 병인양요 때 프랑스군에 맞선 주력은 관동과 경기지방 포수 370여 명이었고 신미양요 때는 포수 중심의 별초군 3,060명이 미국에 대항했다. 1876년 강화도조약 체결 때는 포수 4,818명이 대응했다는 기록도 있다. 20세기 들어 호랑이 개체 수가 급감하고 일제강점기가 시작되면서 대다수 사냥꾼은 만주로 가서 의병 활동을 했다. 동상 이전으로 논란이 된 홍범도 장군이 산척이자 착호군 출신으로 청산리 전투의 영웅이었다.

울산목장과 호랑이 사냥 그리고 전후장과 관련 이야기는 스토리텔링의 좋은 소재라 하겠다. 울산 지역사의 콘텐츠는 다양하고 풍부하다.

다산이 본 '태화강 살인사건'

다산은 1822년 형사사건(조사·심리·처형 과정)을 다루는 관리들을 위한 법제서이자 형법서인 《흠흠신서欽欽新書》를 펴냈다. 흠흠은 '조심하고 조심하여 형벌을 신중하게 내려야만 한다(欽哉欽哉唯刑之恤哉).'라는 《서경》의 구절에서 따왔다. 요즘 법조인이 읽어도 좋은 책이다. 억울한 죄인을 없애는 것은 예나 지금이나 다를 바가 없다. 인권과 생명은 천부적이다. 이 《흠흠신서》에 울산의 '태화강 살인사건'에 대한 다산의 해석이 실려 있다.

1790년(정조 14년) 4월 1일 울산부에 살인사건 고발이 접수된다. 목격자이자 고발인은 태화나루 사공 문순삼. 그는 "어떤 사내와 아낙이 배를 저어 태화강을 건너다가 갑자기 아낙이 배에서 떨어졌는데 사내가 구하지 않고 그냥 강을 건넜다."고 진술했다. 또 푸른 베로 만든 작은 보따리, 흰 모시베 다섯 자, 겹저고리 한 벌, 해진 버선 한 켤레 등이 배에 남아 있었다고 신고했다. 조사한 결과 익사자는 곽임택의 처 견소사였고 배를 저어간 사내는 오빠 견성민으로 밝혀졌다. 견소사는 고부 갈등에 재혼 남편과의 사이가 좋지 않아 가정불화가 심했고 결국 소박을 맞았다. 친정 식구들이 좋아할 리 없었다. 소사召史는 성 아래에 붙는 여성 대명사로 조선 시대 양민의 아내나 과부를 일컫는다.

  오빠는 여동생이 스스로 투신했다고 주장했다. 문제는 그의 진술 태도였다. 도무지 여동생을 잃은 오빠의 슬픔이라곤 보이지 않았고 지나치게 이성적이고 냉정한 데다 집안 망신을 시킨 나쁜 동생은 없어져도 좋다는 태도를 보였다.

  울산부 검시관은 4월 2일 사건의 원인과 경과를 조사한 조사서에 의견서인 발사跋詞를 첨부해 정재원 부사에게 보고했다. "시체는 외상이나 손상이 전혀 없고, 목격자 진술로 보아 사인은 물에 빠져 죽은 것이다. 견소사의 다음 남편 곽임택을 조사한 결과 견 소사는 고부간에 반목이 심해 효도를 하지 않고 공손하지 못해 남편 집에서 쫓겨나고 형제들에게도 편하지 못해 돌아갈 곳이 없었다. 그 좁은 성품과 말과 행동이 조심성이 없어 가볍고 소홀해(輕忽) 투신했다고 해서 괴이함은 없다."는 내용이다. 자살에 무게중심을 둔 보고였다.

  오빠 견성민이 가장 유력한 용의자로 좁혀졌다. 몰래 여동생의 종적을 쫓아 기미를 확인했고 곧은 길을 두고 강을 건너 우회한 것이나 사공 없이 스스로 배를 저어 강을 건넜고 투신한 누이를 구하지 않고 강을 건넌 뒤 돌아보지 않고 달아난 것이 용의점이었다. 또 여인이 배에 남겨 놓은 각종 증거물을 보면 "스스로 물에 빠졌다."는 오빠의 진술이 신빙성이 희박하다는 판단을 했다. 결국 견성민을 정범으로 체포해 심문하고 복검(시신을 재검사)을 언양현감이 하기를 청한다는 공문을 보냈다.

당대 최고 검사나 명탐정이라 할 다산은 사건 보고서를 읽은 후《흠흠신서》에 다음과 같은 비판을 남겼다. "가령 견녀가 시어머니에게 불효하고 남편에게 순종하지 않았고 청상과부가 되어 음란한 행실이 있었다면 모든 죄악이 구비된 것이기는 하다."면서 그러나 "그렇다고 해서 집안사람이 마음대로 죽일 수는 없다. 비록 부모라도 자식을 죽이면 도리어 죄가 마땅한데 하물며 오빠가 여동생을 죽일 수 있겠는가? 청상과부가 수절하지 못한 게 본래 죽을죄는 아니다. 따라서 죽을죄도 아닌데 그녀를 죽였다면 어찌 죄가 되지 않겠는가?" 수절을 강요하고 소박맞은 동생을 미워해 죽인 건 흉악하고 참혹한 악행일 뿐 인정과 도리를 참작하여 용서할 수 없다는 것이 다산의 견해였다.

태화강 연지와 남포호는 어디인가

　태화강에 섬이 있었다. 큰 호수가 있었고 태화나루와 조개 섬, 대도의 버들과 백사장, 소금이 있었다. 울산교 서편으로 중도와 고구마 섬이 자리하고 있기도 했다. 대봇둑 갈대밭 사이로 무수한 갈게가 소리 내고 참외와 무가 무성했다. 하구에는 잘피 군락이 드넓게 펼쳐졌고, 벚굴과 재첩, 꼬시래기 같은 특산물도 넘쳐났다.
　태화강에 '서지西池'와 '남포南浦'라는 큰 호도 있었다. 서지는 연꽃 감상하기 최적지였다. 울산부사 심원열은 1855년 배를 타고 태화강 서지를 찾았다. 강 한복판에 가득한 연꽃을 감상하기 위해서였다. 서지는 당시 태화강에 있던 섬으로 연꽃이 만개할 때 시인 묵객들이 끊이지 않던 명소였다. 그러나 그날 심 부사가 보니 몇 송이뿐이었다. 연꽃이 사라진 연유를 묻자, 마을 사람들은 탄식하며 옛이야기를 들려주었다.

"예전에 연꽃이 못을 가득 메워 향기가 사람들에게 물씬 풍겼다. 고을 태수가 술잔을 들고 꽃을 감상했고 오가는 사람들이 술을 즐기지 않은 이가 없었다. 시를 읊조리지 않은 이가 없었으니, 연못의 명성이 어찌 태화루 다음이겠는가!"라고 회상하며 1853년 울산에 큰 흉년이 들어, 굶주린 백성들이 몰려와 연근을 모두 캐고, 그로 인해 서지 연꽃은 흔적도 없이 사라졌다는 것이다. 부사는 이를 기록하며, 백성 구제하는 일이 목민관의 본분임을 되새겼다. 그는 울산 8경을 새로 정리하고, 태화루에 올라 글을 남기며 '태화太和'가 지닌 의미를 곱씹었다. 태화의 유래는 '크게 화합하라'는 의미로 추정했다.

조선 순조 때 울산부사 유은주는 '태화루기'에 남포호라는 큰 호를 기록으로 남겼다. "태화강이 여러 물줄기를 모아 흐르는 명주처럼 길게 이어지고, 그 강이 나뉘어 이수를 이루며, 산줄기가 끊어져 삼산을 만들었다." 이수삼산을 보고 태화강 풍경과 적절히 배치했다. 삼산을 마주하는 곳에 점점이 흩어진 달빛이 허공으로 이어지는 그곳이 바로 태화호였다.

다산과 울산의 인연은 그의 부친 정재원 덕분이었다. 1789년 봄, 정재원이 울산부사로 부임하자 다산은 8월 추석에 맞춰 울산을 찾아 아버지를 뵙고 머무는 동안 태화강 남포에서 뱃놀이를 즐겼다. 유림 원로들과 고기잡이 노래를 주고받으며, 달빛 아래 흥겨운 시간을 보내며 〈남포의 달밤 뱃놀이〉라는 시를 지었다.

시에 나오는 학림은 학성이고 남포는 학성 남쪽의 태화강 최하류 지역이다. 다산은 또 다른 시에서 "남호는 울산의 남호"라고 밝혔다.

다산은 1표 2서 등 508권의 저서를 남긴 조선의 위대한 학자, 문인이자 박람강기博覽强記의 원톱이다. 그동안 경기, 호남에만 치중해 온 '다산의 흔적과 발자취 찾기'의 대상을 울산, 태화강으로 넓혀도 좋겠다. 지역 문화 자산인 로컬 고유의 이야기도 글로벌 콘텐츠가 될 수 있다.

얼어죽을 놈의 열녀 타령

　최근 역사 논쟁은 사실史實과 사실事實을 혼동하거나 정확히 파악하지 않고 주관적인 사관을 금과옥조로 여기며 나만 옳고 상대는 적이라 몰아붙이니 문제다. 팩트에 충실하지 않으면 역사는 기술자의 마음에 따라 왜곡되고 굴절되기 쉽다. 그러니 역사는 진영논리로 멋대로 재단하는 대상이 아니다. 객관적이고 중립적인 자료를 확인한 뒤 술이부작述而不作으로 서술하고 나서야 검증하고 평을 해야 한다.
　예술인이 제안한 '자란의 미투'를 생각한다. 그는 18세에 자결한 심자란을 오늘날 미투 희생자로 묘사할 수 있지 않겠냐고 주장했다. 심자란은 18세기 박민효의 《상체헌집》에 실려 있는 이야기의 주인공이다. 10세 때 울산부사가 교방敎坊에 보내 시서화와 노래, 악기, 춤을 배운 부기府妓였다. 15세에 병영우후의 소실이 되어 18세에 수절했다.

1971년 이수봉 교수가 처음 발굴해 '열녀설화와 춘향전 근원설화' 관점에서 논문을 썼다. 이것이 팩트다. 지금 기준으로 보면 그루밍이나 가스라이팅 피해자이거나 미투나 시사 다큐 소재로 삼아도 무리는 아닐 듯하다.

읍지 등 울산의 기록에도 열녀, 효녀, 효자 사례가 많다. 《학성지》에는 김소사와 박소사 심소사 고소사 배씨의 죽음을 節婦라 했고 향춘과 소근련, 열녀 서씨와 이씨 등 사례를 기록한 읍지도 있다. 다들 '생명의 존엄성'이나 여성의 '자기 결정권'을 무시했다.

일찍이 연암은 〈열녀함양박씨전〉에서 병 중인 남편을 따라 죽은 중인中人 여성과 청상이 된 어머니를 모시고 사는 양반집 형제 이야기를 다루면서 "무조건 남편 따라 죽는 것은 죄악이요, 불법이며 성정이 좁은 사람의 일로 천하의 흉한 짓"이라고 작심 비판했다. 호암 문일평은 "남편을 따라 죽는 烈 같은 것은 옛날에 성행하던 순장의 악폐와 마찬가지며, 여인의 순장만 節死라 하여 장려하는 것은 이론상 큰 모순이다."라고 했다.

열녀는 사실 본디 유교의 산물이 아니다. 조선을 건국한 사대부들이 유교적 가부장제 질서를 확립하기 위해 보급한 정표 정책의 부산물이었다. 17~8세기에 절정을 이루다 19세기 20세기에도 꺼지지 않았다. 이 죽음을 강요한 이데올로기라는 악습은 끈질기고 집요하게 추진됐고 효과는 강렬했다.

북구 어물동 금천 도랑가 논 가운데에 강릉 유씨 정려각이 있고, 북구 화봉동 사청 앞 솔숲 건너 공항 가는 길옆에 열녀비와 열녀 서씨를 위해 1932년 세운 정려각이 있었다. 상북면 영세불망비와 영호지총, 동래 정씨 열녀각을 비롯해 삼동 조일, 상북 명촌, 언양 반곡 평리와 다개, 반구동과 두서 서하, 북구 대안 태화 명정 등에 열녀각이 있다. 효행도 행적이 괴상하긴 열녀와 다르지 않다. 효자 송도는 효문동 지명의 근원이고 사일마을 구빙담 효 에피소드는 유명하다. 범서 척과와 웅촌의 효 얘기는 현실에선 불가능한 기적이나 이적으로 버무려져 있다. 조선 후기 울산의 효부, 효녀, 효자, 열녀 신드롬도 상당했다는 증거들이다. 1935년《울산읍지》'열행'항에 무려 70명의 '열부'가 실려 있다. 가히 '열녀 열풍'이다. 남편 따라 죽는 것이 가문의 긍지이자 여인의 명예로 여기며 강압과 사회적 권장 분위기가 팽배했던 당시의 양반 가문은 홀로된 여인을 피할 수 없는 외길로 몰아 놓고는 괴이하고 엽기적인 내용을 자랑했다.

열녀! 죽은 뒤 그들은 '붉은 문'을 받았고 남은 자들은 각종 혜택을 챙겼다. 부역이나 조세 면제, 과거 없이 벼슬을 얻기도 했고 곡식과 옷감 등의 부상도 챙겼다. 지금의 특례입학이나 공공기관 특채, 아파트 특공과 다르지 않다. 염불보다 잿밥이었으니 열녀각은 '가문의 영광을 위한 비극의 터'이기도 했다.

왕조시대 울산의 진상품

전국의 특산물 홍보에 빠뜨리지 않는 말이 있다. 임금님 수라상에 올랐던 '진상품'이라는 표현이다. 다운동 작설차와 언양 미나리, 병영 은장도가 왕실 진상품이라고 주장하는 이들도 있지만 '다운동 차茶' 진상 기록은 확인할 수 없다. 언양 미나리는 문학 작품에 일부 표현이 있고 병영 은장도는 1894년 갑오개혁 때 진상 제도가 없어졌으니 1907년 구한말 구식 군대 강제해산 후에 은장도를 처음 만들었다면 진상과는 무관하다. 애향심이 촉발한 과장일 뿐이다. 진상은 국왕과 왕실에 토산물이나 진귀한 식용품을 바치는 것을 말한다. 토공土貢 진공進貢이란 말도 있다. 울산의 진상품은 전복 등 해산물이 많은 비중을 차지했다.

1530년(중종 25) 《신증동국여지승람(울산군)》에 울산 미역, 《세종실록지리지(토산조)》에 홍어洪魚가 울산 토산 공물이자 진상품이라고 기록돼 있다. 일제강점기 때까지 수출품이던 울산의 우뭇가사리도 그랬다. 1832년 경상도읍지 울산부 편과 1917년 판 울산 안내에 "장생포는 우뭇가사리 집산지"라 했고, 1933년《울산군향토지》는 "강동·대현·온산·서생면 등 울산 전 해안에서 많이 난다."라고 소개했다. 달천의 철이나 원포리의 마노석瑪瑙石, 천연 안료인 심중청深重靑, 죽도의 대나무 화살, 청어 해달, '우불산 차' 등이 울산의 토공 토산품이었다. 1454년《세종실록지리지(경주부)》언양현과 울산군 토공 조에 전복·건합乾蛤·홍어 등 해산물과 '작설차雀舌茶'와 '흑백 바둑돌(黑白碁子)'이 진상품으로 기록돼 주목된다.

울산전복은 워낙 품질이 좋아 왕과 조정에 진상하는 단골 품목이었지만 이를 감당한 울산 어부들은 죽을 지경이었다. 여지도서 경상도 지리지《신증동국여지승람》등 역사서와 울산부사 심원열의 글에 나온다. 홍어나 작설차도 궁금하지만, 몽돌을 가공해 만든 바둑돌 공납은 지금 상상하기 어렵다. 송수환 박사는 "정자와 주전 해변의 몽돌과 조개껍질로 만들었을 것인데, 황남대총에서 출토된 바둑돌은 바로 이것이었을 터이다. 기장에 기포碁浦란 지명이 있다."라고 밝힌 바 있다. "달천철장에서 세공(해마다 나라에 바치던 공물)으로 생철 1만 2천5백 근을 바쳤다.", "군의 남쪽에 염소鹽所가 3곳인데 염창鹽倉은 읍성 안에 있고, 장관場官이 감독해 지킨다."라는 내용은 이미 많이 알려졌다.

1899년《언양군 읍지》에는 "작목作木 7필도 매년 봄, 가을로 바쳤다."고 했는데 작목은 조선 시대, 전세田稅를 받을 때 쌀, 콩 대신 그에 해당하는 만큼의 무명으로 환산해 받았던 것이다. 삼정문란 때 천전리 석불 설화와 연관 지을 만한 내용이다.

울산에서 나라에 바친 것은 또 있었다. '언양 적전 참외(籍田苽)'다. "언양 참외는 북쪽 성 밑에서 난다. 종자가 서울의 적전에서 나왔으므로 적전 참외라 한다. 해마다 겨울에 심었다가 4월 그믐 전에 임금께 진상하는데 성종 초에 없앴다."(신증동국여지승람 토산조)

적전은 국왕이 직접 경작해 수확하는 국가공유지이다. 울산 참외는 일제강점기 때도 전국 명물이었다. 별건곤(1928년 7월호)과 동아일보(1938.8.3.)에 "울산 참외는 예로부터 명물로 호계 참외는 연 10만 원을 초과하고 香味色 3가지를 갖췄다. 삼산평야 태화강 주변 학성산, 동해남부선 일대가 모두 참외밭이었고 울산 배보다 생산액이 컸다. 특히 형태와 촉미·감미가 으뜸이었다."라는 내용이 실려있다.

울산의 해상의병

　1592년 4월 13일에 부산포에 상륙한 왜군은 14일 부산진성, 15일 동래부를 잇따라 함락했다. 다음 목표는 울산. 4월 19일 언양읍성이 점령되고 21일 경주로 가는 길목인 울산 읍성과 경상좌병영성을 모두 침탈했다. 경상좌병사 이각이 도망가고 관군이 달아난 읍성과 병영은 쉽게 왜군의 수중에 떨어졌다. 곧바로 4월 23일 울산의병이 창의 거병해 5월 7일 병영성을 습격해 수백 명을 베고, 군기와 군량을 뺏고 돌아왔다. 울산의병은 경주 의병이나 관군과 연합 전투를 했고 개운포와 태화강 하구에서 해상전투를 벌였다.

　왜장 가토는 울산 점령 후 곧바로 울산 읍성과 병영성을 허물고 울산왜성과 서생포 왜성을 쌓아 종전 때까지 이를 교두보로 삼아 저항했다. 1597년과 1598년의 울산성 전투는 동아시아 국제전으로 울산이 최

전선이 되어 말할 수 없는 전쟁의 피해를 입었다.

역사가 증명하듯이 예나 지금이나 울산은 육지와 해상의 관문이고 상무 정신이 뛰어났다. 임란 때 왜군은 울산을 해상 보급로로 활용했고, 부산과 일본을 오가는 중계항으로 삼았다. 이런 지정학적 이점 활용은 일제강점기에도 반복되었다.

바다에서 꽃핀 울산의병들의 해상전은 개운포와 태화강 하구가 무대였다. 개운포는 왜군의 베이스캠프인 서생포에서 울산으로 진출하는 길목이다. 의병부대는 초기 보급로를 차단해 적들의 내륙 진출을 저지하려고 했다. 태화강 하구는 서생포에서 도산성(학성공원)으로 드나드는 출입구라 이를 차단해 양쪽의 왜군을 격리하고 고립시키는 효과를 노렸다.

1592년 9월 10일 '개운포 해전'에서 울산의병은 왜적 100여 명을 베었고 20여 척의 왜선과 교전했다. 불리한 전세를 뒤엎고 기습과 야습 위주의 유격전으로 적의 해상 활동을 교란했다. 특히 왜군의 해상 보급을 차단하고, 육상 의병들과의 연계를 시도하며 항쟁의 거점을 확보한 점은 특기할 만하다. 의병장은 장희춘蔣希春·이응춘李應春·이삼한李三韓·윤홍명尹弘鳴·서인충徐仁忠·이계수李繼秀·이우춘李遇春 등 7명을 남영7의장南營七義將이라 한다. 1594년(선조 27) 10월 8~9일에 2차 개운포 해전은 능해장能海將 이응춘이 지휘했다. 10월 7일에 개운포 영성으로 진을 옮겨 남쪽 수로로 오는 적을 막기로 계획했는데 8일에 갑자기 적의 대선단이 몰려와 종일 싸워 물리쳤다. 9일에 또 적선이 대거 몰려와 고립무원에 중과부적으로 전사했다.

또 다른 해전은 '태화강구 전투'이다. 1593년 1월 28일 적선이 태화강 입구로 몰려온다는 첩보를 접한 유정柳汀과 이언춘李彦春 연합부대가 언양에서 회군했다. 2월 2일 의병장들은 화공작전을 시행키로 결정, 10여 척 선단을 준비한 뒤 무룡산에 짚과 화목을 쌓아두고 태화강 모래밭에 숯을 묻었다. 2월 6일 밤 동북풍을 이용해 윤홍명尹弘鳴, 이응춘 부대가 화공작전을 펼치고 연암에 매복해 있던 의병과 태화강가 척후 정찰병, 연포蓮浦의 복병들이 협공해 수천 명의 왜군을 수장시켰다.

1598년 12월 21일 울산군이 도호부로 승격한 것에는 비정규군으로 해전을 승리로 이끈 수군 의병들의 활약도 한몫했을 것이다. 하지만 울산의병은 다른 지역에 비해 상대적으로 덜 알려졌고 '울산 임진왜란사' 연구도 학계의 공식 인정을 제대로 받지 못하고 있다. 엄격한 사료 비판이나 검증을 하기보다 개인 문집이나 후손이 미화한 실기류에 치중하다 보니 연구 방법 등에서 미비하고 부족한 점이 많아 객관성을 담보하지 못했기 때문이다.

용서 못할 강상죄와 장오죄

태종 때(1412.2.3.) 정당한 이유 없이 본처를 버린 언양 감무 정포가 파직당했다. 정포는 아내 최 씨와 부친상을 함께 치르고 난 뒤 안 씨라는 여인에게 새 장가를 들었다. 부모상을 함께 치른 아내는 칠거지악에도 해당하지 않는데 특이했다. 정포는 다시 전처 최 씨를 찾아와 자식까지 낳았는데 까닭 없이 최 씨를 또 내버렸다. 두 번이나 버림받은 최 씨가 고발했다. 인간으로서의 기본 도리를 저버린 범죄, 강상죄에 해당한다. 구속된 정포는 아내의 부정을 허위로 꾸며대고 아들이 자신의 핏줄이 아니라고 강변했다.

1447년 10월 16일 언양 전농시 여종 선비善非라는 여인이 능지처사凌遲處死 선고를 받았다. 그녀는 정을 통하던 애인과 모의해 남편을 죽였다. 1494년 언양 사람 김개동金介同은 장 100대를 맞고 삼천리 이상 멀리 떨어진 곳으로 가라는 선고를 받았다. 아내 막덕을 때려서 죽인 그는 "아내가 저한테 심한 욕을 했습니다."라고 진술했다. 《성종실록》은 어이없게도 "아내가 남편을 향해 악언을 퍼붓지 않았더라면 생기지 않았을 비극"이라고 기록해 살인자에게 일방적으로 우호적이다. 남편을 살해한 경우는 엄하게 처벌했다. 1561년 5월 굴화역의 역녀驛女 천금千수이 남편 살해죄로 복주伏誅 당했다.

강상과 장오죄를 함께 범한 예도 있다. 1439년 9월 15일, 지울산군사 최징崔澄과 언양 현감 김중종金仲宗을 자자刺字형에 처하려다 그만두라는 왕의 명이 있었다. 둘은 쌀과 콩을 청구해 경주 기생에게 주고, 창기의 집에서 자고 기생 아비의 기일에 스스로 재齋를 올리고 불공까지 드렸다. 법대로라면 장杖 80대, 자자형이 맞지만, 왕의 명에 따랐다.

광해군 때(1622.6.11.) 언양 현감 양두남은 "용렬하고 비천한 사람"으로 오로지 자기를 살찌우는 것만 일삼고 있다면서 농사철도 생각 않고 쇠를 불리며 옥을 캐어 "잔약한 수백 호구"가 거의 다 유망했다. 당연히 사간원의 탄핵을 받았다.

황희 정승의 현손 여헌이 울산군수를 지내면서 군민들의 노비를 많이 사들이고, 백성과 재인·백정을 자기 집에 불러 몰래 사역시켰다. 국회의원 갑질 논란과 같다. 또 관용이라고 속여 헐값으로 소나 솥을 사들여 착복했다. 관내에서 거둔 시노비寺奴婢의 신공身貢 면포를 착복해 처벌받은 언양 현감 김찬과 감수監守하던 돈과 양식을 도둑질한 이산두 전 지울산군사는 1437년 파직과 유배형을 받았다. 성종 때 염포 만호 이종산도 공금에 손댔다가 처벌받았고 1855년 울산부사를 지낸 심원열은 1857년 8월 암행어사 감찰에서 공금횡령이 발각되어 근무지였던 울산에 유배됐다.

 조선 시대 강상죄는 패륜범죄요 장오죄는 뇌물죄이다. 둘은 사면 대상에서도 제외했다. 특히 사면된 죄인도 장오죄가 드러나면 취소했다. '대가성 없는 돈'이란 조선 시대에는 통하지 않았다. 강상과 장오죄를 기록한 이유는 '아름다운 이름은 후세에 길이 전하고, 더러운 이름은 역사에 영원히 남는다.'라는 유방백세 유취만년 流芳百世 遺臭萬年을 가르치기 위함이다. 공직자의 패륜범죄와 뇌물죄는 자신은 물론 조상과 후손의 이름까지 더럽힌다는 것을 알라는 말이다.

효심의 난, 초전은 울산 땅이었다

 1193년 7월, 고려 무인 정권 시기 많은 민란 가운데 규모가 크고 세력이 막강했던 〈김사미·효심의 난〉이 일어났다. 난의 근거지였던 초전草田은 지금의 울산이다.
 김사미는 운문산(청도)을 본거지로 불평분자들을 모아 난을 일으켰고, 효심은 초전(울산)을 근거로 망명자와 농민 군인들을 모아 약탈과 함께 실권자 이의민과 내통하며 힘을 길렀다. 반란군 수는 수만이었고 1년 뒤 정부군에 의해 평정될 당시 밀성(밀양) 싸움에서 반란군 7천 명이 베어졌다. 반란군의 규모가 어느 정도였는지 가히 짐작되는 부분이다.
 인터넷 〈한국민족문화대백과사전〉과 국사편찬위원회 〈우리 역사 넷〉 등에는 "초전은 지금의 울산광역시"라는 주註가 있어 울산 설을 뒷받

침한다.

　18세기 전국 읍지를 모아 만든 《여지도서輿地圖書》 역원 조에 초전원 등 16개 원이 나오고 16세기 전국 지리지인 《신증동국여지승람》에 "초전원은 고을 서쪽 64리에 있다."라는 구체적인 기록이 확인돼 울산 설의 근거로 충분하다. 원院은 관리들이 출장 중에 숙박하는 곳인데 중앙 관리들이 오가면서 많은 물자를 요구하는 등 백성들을 수탈하는 경우가 많았고 지배층에 대한 불만이 많던 효심 등 피지배층이 김사미와 연계하여 봉기했을 것으로 해석할 수 있다.

　초전=청도 설의 근거인 운문은 지금의 청도로 김사미의 근거지였고 성주 설은 성주에 예로부터 초전면이 있었다지만 청도와 거리가 너무 멀다. 밀양 설은 근거가 여럿이다. 초전이란 마을이 아직 남아 있고 1936년 안병희의 《밀주징신록密州徵信錄》에 "초전은 밀주군(밀양) 무안면 화봉리에 있는데 명종 23년에 효심이 이곳에 웅거하여 반란을 일으켰다."라는 내용을 근거로 삼는다.

　《고려사》에도 "밀양 저전촌(楮田村, 밀양시 산내면 용전리 일대) 일대에서 정부군이 농민군 7,000여 명의 목을 베었다."라고 기록하고 밀주(무안면 화봉리 초전)에 통도사 국장생이 있었으며 주변에 많은 천민 집단이 있었다는 주장도 있다.

　2002년 판 《울산시사》 역사편은 "무인 집권기 울산지역의 농민항쟁" 부분에 "…초전(지금의 밀양)의 효심孝心의 봉기로 이어졌다."며 초전을 밀양이라고 기술했다. 초전이 울산이라는 그동안 거의 굳어진 설을 《울산시사》가 부정해버렸다.

초전과 통하는 '딱밭' '저전' '제전'이 밀양에만 있는 것도 아니다. 울산에도 일부 남아 있다. 《밀주징신록》 기사는 구전이라 신뢰성에 무리가 있지만 《여지도서》와 《신증동국여지승람》 울산편 '초전원'은 울산설을 뒷받침하는 확실한 사료이다. 지형상으로 봐도 서부 울산은 영남 알프스 산맥을 두고 청도와 가까운 거리고 험준한 산악을 활용한 게릴라전이 쉬운 곳이다.

또 이규보는 위령제를 청하며 "헌양(언양) 싸움에서 분투하다가 죽은 관군의 해골이 들판에 많이 널려 있으나 거두는 사람이 없다."라고 탄식했는데 당시 헌양현 농민군과 관군의 전투가 치열했고 헌양현 농민들이 경주 농민군에게 합세해 전장에 나섰음을 짐작할 수 있다.

울산 향약 언양 향약

17세기 울산에도 향약이 시행되었다. '울산 향약'과 '언양 향약'이 그 것이다. 울산 향약은 울산부사 도신수의 《지암선생문집》에 '울산 향약 8조'가 실려 있다(한국국학진흥원 소장). 도신수는 성주가 본관인 조선 중기 문신으로 호는 지암止巖으로 인조 21년(1643)부터 26년(1648)까지 5년 가까이 울산부사로 지냈다. 당시로서는 비교적 장기간 재임이다.

언양 향약은 조선 후기 언양 지역의 양반 가문들이 운영한 향촌 자치 규약으로 언양 출신 정언형의 문집 《남재일고》 '잡저雜著' 항목에 〈향약증보 갑인鄕約增補甲寅〉이라는 제목으로 수록돼 있다(언양 권종술 후손 소유). 정언형은 본관이 동래이고 자가 권보權甫, 호는 남재南齋인데 갑인년이면 21세 때이다.

언양 향약은 현재까지 알려진 유일한 언양 지역 향약으로 언양 향토사 연구에 중요한 자료이다. 내용은 향약의 4대 강령인 덕업상권德業相勸, 과실상규過失相規, 예속상교禮俗相交, 환난상휼患難相恤의 여러 항목을 싣고 있다. 그리고 덕업상권과 과실상규의 방법을 말한 뒤 지역민이 행해야 할 선과 행하지 말아야 할 악을 나열해 놓고 규제하고 척결해야 할 악행 수십 가지도 함께 열거했다.

울산 향약 8조는 내용이 독특하다. 향약 4대 덕목 중 유독 과실상규만 강조하고 있다. 일반적인 향약이 아닌 수령의 통치 방침을 주민들에게 일방적으로 전하는 일종의 선전포고문이나 계엄령처럼 보인다. 부사의 일방적인 훈계와 공포심을 유발할 정도의 규율과 통제 의지가 담긴 규정집이다. 당시 울산은 사림세력도 약하고 사마시 합격자 한 명도 못 내는 그런 촌이었으니 통치는 수령 마음대로 할 수 있었던 분위기였다. 그래도 음주 행패 삼진아웃 규정은 당시로선 파격으로 보일 만큼 귀여움이 묻어난다.

송수환 박사는 "두 문집에 나타난 울산 향약은 17, 8세기 울산 사회의 현실을 반영하는 것"이라고 해석하면서 "왜란이 끝난 지 세월이 많이 지났지만, 당시 울산은 여전히 피폐한 상태라 강력한 통치와 향촌 질서 확립이 필요했을 것이란 점에서 향토사 자료로 가치가 있다."라고 설명했다.

울산 향약의 단면만 보아도 당시 울산 향촌의 사정을 파악할 수 있다. 향약은 사회규범이나 교화를 위한 규약이나 약속, 자치 규범이라는 향촌규약의 준말이다. 지방 사람들이 서로 도우며 살아가자는 약속이다. 하지만 조선 시대 양반들의 향촌 자치와 이를 통해 하층민을 통제하기 위한 것이기도 했다. 한편으로 숭유배불정책에 의해 유교적 예절과 풍속을 향촌 사회에 보급하여 도덕적 질서를 확립하고 미풍양속을 진작시키며 각종 재난을 당했을 때 상부상조하기 위한 유교적 규약이라고 정의할 수도 있겠다.

왕은 왜 고래수염을 선물했을까

고래는 우리 민족과 꽤 오래전부터 함께해 왔다. 역사 기록이 그것을 증명한다. 신라 문무왕의 화장터는 '鯨津(고래나루 또는 고래바다)'이었다. 《삼국사기》에 장작을 쌓아 장사를 지내고(葬以積薪) 고래 바다에 뼛가루를 뿌렸다(粉骨鯨津)는 구절이 있다.

이보다 앞선 47년 9월 동해 사람 고주리가 '고래의 눈(鯨魚目)'을 바쳤다. '고래의 눈' 또는 '밤에 달처럼 환하게 빛나는 구슬(明月珠)'이라고 한다.

《고려사》에도 고래 기록이 나온다. 1273년 12월 25일 몽골 다루가치達魯花赤가 중서성 첩문에 따라 동계東界와 경상도에 가서 신루지蜃樓脂를 구했는데, 신루지는 고래기름(鯨魚油)을 말한다.

고래와 관련해 흥미롭고 수수께끼 같은 대목은 '고래수염 선물'이다.

1419년(세종 1년 8월) 상왕, 즉 태종이 내시 최한을 보내 황엄에게 흰 숫돌과 고래수염을 선사했다. 연산군은 한술 더 떠 1499년 9월 2일, "상의원尙衣院으로 하여금 흰 고래 수염 20개를 사서 대궐 안으로 들이게 하라."는 특이한 명령을 내렸다. 그뿐만 아니라 1505년 8월 부안 현감 원근례를 파직했는데 왕이 전라도의 바다에 연한 고을들에 명하여 고래를 사로잡게 했는데, 근례가 자청해 해도海島에 드나들었으나 두어 달이 되어도 잡지 못하고 고을 일이 많이 그르쳐지매, 감사 성세순이 계청啓請해 파직한 것이다. 근례는 무인으로서 임사홍에게 뇌물을 주고 현감이 됐는데, 파직되자 분하여 죽었다.

1725년(영조 1) 포항 영일에서 고래 3마리가 잡혔는데, 하급 관리들이 고래 눈과 수염을 서로 빼앗으려고 싸웠다. 영조가 알고 해당 아전을 징계하고 고래의 눈을 쪼개 버릴 것을 경상감사에 지시했다.

왕은 왜 고래수염을 선물했을까. 실용적·외교적·상징적 측면이 모두 맞물려 있었을 것으로 추측한다. 고래수염(鯨鬚)은 희귀하고 값비싼 사치품이자 공예와 각종 생필품의 원료이기도 했으니 조선에서 고래수염은 '왕실의 권위를 드러내는 고급 선물'이자, 정치적 자원으로 활용했을 것으로 본다. 유럽에서 군사·패션·종교적 맥락에서 고래수염이 다층적으로 중요시되었고, 왕실 조공이나 관세 등 국가권력의 상징 물품으로 여겼던 것과 차이가 있다. 일부 문화권에서는 고래수염이 액운을 막아주는 부적의 의미로 사용되기도 했다.

웨일스·스코틀랜드 문헌에 13~15세기 중고등급 무기나 가우틀릿,

폴드론 등 갑옷 부위에 고래수염(baleen)이 사용되었다는 고고학 자료가 있다. 16세기에는 farthingale(치마 속 받침)과 bodice(코르셋) 구조에 사용되었고, 18세기에는 코르셋 boning으로 사용되었을 뿐 아니라 파라솔이나 보행보조 지팡이에도 활용되었다. 1150년 바스크 지역 나바라 왕이 고래수염에 관세를 부과했고, 1237년 왕은 시즌 첫 고래의 backbone plate를 한 조각 가져간다는 기록도 남아 있다.

조선의 포경 기록은 19세기에 '이양선異樣船'·'이국선異國船'에서 시작된다. 울산을 떠들썩하게 하고 불안에 떨게 한 이양선은 미국 포경선이었다. 그전까지 조선은 해금海禁 정책을 시행하면서 포경 자체를 포기했다. 고래를 잡으면 식량도 되고 기름을 얻을 수 있어 큰 이익이었지만, 관리들이 이익을 독점하고 어민들은 생고생만 하니 잡은 고래를 바다로 밀어넣어 떠내려 보냈다. 관의 횡포가 우리나라의 포경 역사를 크게 후퇴시켰다.

'조선의 포도대장' 장붕익, 병영에 오다

탕탕탕! 1725년 9월 3일, 한양 하늘에 총소리가 울렸다. 영조의 명으로 장붕익이 포도대장에 취임하는 날이었다. 그는 취임 일성으로 "온 도성 사람들에게 나의 포도대장 부임을 알려라. 포수들은 하늘에 총을 쏘아라."라고 지시했다. 폭력과 범죄집단에 대한 일종의 선전포고였다. 포졸들은 오랜만에 기가 살아 범인을 마음껏 때려잡을 수 있다며 사기충천했고 무뢰배들은 기가 죽어 슬금슬금 몸을 숨기기에 바빴다. 장 대장은 억강부약의 상징이자 '조폭'에겐 자비를 잊은 채 잔인한 처단을 하는 '조선의 포도대장(경찰청장)'이었다.

취임 첫날 저녁, 그는 직접 야간 순찰에 나섰다. 통행 금지 후 숭례문 쪽 순찰 중에 술에 취해 배회하는 별감(왕실 비서) 한 명과 마주쳤다. 장 대장은 한 방에 잡아 거꾸로 매단 뒤 포졸의 육모 방망이를 빼앗아 발바닥을 사정없이 때렸다. "관리들의 범죄는 더욱 엄하게 다스려야 한다. 그래야 나라의 기강이 바로 서느니라. 알겠느냐?"라며 나라의 녹을 먹는 관리일수록 준법에 솔선수범해야 한다며 훈시까지했다.

그 뒤 잇단 화재 현장에도 나타나 방화범과 빈집털이범을 일망타진하니 한양의 범죄자들이 몹시 두려워했다. '검계'라는 조폭들이 운영하고 갈취하는 기방이나 유흥가, 금주령 위반, 불법 도박장, 위조 화폐 등을 발본색원하며 하나하나 소탕해 갔다.

영조의 검계 소탕 작전명을 받아 장붕익은 '검계와의 전쟁'을 선포하고 조금이라도 수상한 자가 있으면 무조건 윗옷을 벗겨 칼자국을 확인하라는 특명을 내렸다. '조선판 조폭'이었던 검계(劍契=殺掠契, 鬧動契) 조직에 가입하려면 몸에 칼자국이 있어야 했기 때문이다. 이때 최대 검계 조직인 죽림칠현파 두목 표철주는 조직이 무너질 위기감에서 포도대장 암살에 직접 나섰다. 실록에 의하면 표철주가 밤에 칼을 품고 장붕익 사저에 잠입했다. 그러나 "잠결에 창밖의 그림자를 보고 장 대장이 칼을 들고 나가 휘두르니 자객이 대항하다가 몸을 솟구쳐 담에 뛰어올라 달아났다."(영조실록, 1733년) 타계 2년 전 60 노인이 잠결에 자객에 맞서 검을 들고 나가 몰아붙였으니 보기 드문 '혈기 넘치는 노익장'일 정도로 검술의 달인이었다. 표철주는 그 뒤 평생 숨어다니며 집주름(부동산 중개인)으로 살았다. 노년에 "장 대장이 죽었는가? 저승에서 또 그를 만날까 너무 두려워 내가 죽지도 못한다."라고 고백했다.

'조선 최고의 포도대장' 장붕익(張鵬翼, 1674년~1735년)은 경상좌도병마절도사로 울산에서 근무한 적이 있다. 이후 한성부윤(서울시장), 훈련대장(수도방위사령관), 형조판서(법무부 장관) 등을 역임한 무신이었다. 《조선왕조실록》에는 185건, 《승정원일기》는 835번이나 그의 이름이 언급됐다.

2024년 11월 울산연구원이 병영성 발굴조사를 한 결과 '남문 터' 확인과 함께 '장붕익 선정비' 1기를 발견했다. 훗날 포도대장이 된 장붕익의 선정을 기리기 위해 전근대 신분제 사회의 최하층 신분인 노비가 비석을 세웠다니 놀랍다. "군무를 열심히 하시고 먹을 것, 입을 것을 아껴 노비에게 베풀어 주셨다."라는 내용이 새겨져 있다. 장붕익은 1715년 9월 11일에서 22개월 동안 경상좌도병마절도사로 병영성에 근무했다. 1718년 2월 부하 장교들이 세운 선정비도 병영1동 행정복지센터 앞에 17개 중 하나로 남아있다.

1787년 울산 어부들의 울릉도 잠입 사건

1657년 송시열이 효종에게 음식을 탐하지 말 것을 호소하는 상소를 올렸다. 그해 봄, 영남의 한 장수가 울산 전복을 매우 급히 내라고 독촉했는데 "상께서 훈척대신勳戚大臣을 통해 요구하셨다는 핑계를 댔다는데 과연 그런 일이 있었느냐?"고 따지는 내용과 함께였다. 그러면서 "혹시 훈척이 사복을 채우려고 성상의 분부라 빙자한 것이 아닐까?"라고 덧붙였다. 나아가 맹자왈을 인용하며 왕을 나무랐다. "보통 사람도 음식 탐하는 것을 천히 여기는데 하물며 제왕의 존귀한 신분으로 그런 일이 있었다면 아래에 끼친 수모 거리가 얼마나 크겠느냐."라면서 울산전복 독촉사건을 계기로 식탐을 절제하라고 타일렀다.

1787년(정조 11년) 음력 7월, 울산 어부 추잇돌秋蕊乭, 최잠돌崔潛乭과 사공·격군 14명이 삼척에서 체포됐다. 이들은 울릉도에 잠입해 60일

가량 머물며 전복·해삼과 향나무·죽제품을 채취, 판매하다 붙잡혔다. 좌병영이 발행한 생복잡이 공문까지 발각돼 공문을 내준 경상좌병사 강오성과 어부를 단속하지 못한 울산부사 심공예가 파직당했다. 당시는 울릉도 도해금지령渡海禁止令이 엄격하게 시행 중이었다.《비변사등록》과《일성록》,《승정원일기》등 공식 기록은 이 사건을 '어민들의 잠입과 불법 채취'로 기술했다. 조선은 일본 해적과 외적의 침탈을 방지하기 위해 울릉도 주민을 육지로 이주시키고, 섬을 비우는 '空島정책'을 오랫동안 유지했다. 그러나 해마다 진상품의 수요는 줄어들지 않았다. 특히 전복과 해삼, 미역 등 울산의 해산물은 조정의 재정을 보충하고, 국가의 위신을 세우는 중요한 품목이었다. 울산 등 동해안 어부들은 진상할 전복이 부족해 수량을 채울 수 없었다. 결국, 법을 어기면서 울릉도에 갈 수밖에 없었다. 1693년 안용복 일행이 울릉도에 간 것도 전복 등 해산물 채취가 목적이었을 것이다. 그런 선택은 매년 반복되는 과중한 진상품을 충당하기 위한 필사적인 대응으로 생존의 문제였다.

예부터 가혹한 세금은 호랑이보다 무섭다고 했다. 조정은 재정만 채울 뿐, 백성의 피 땀 눈물은 끝내 살피지 않았다. 조선 후기, 국가 재정과 지방 수취 체제의 압박은 어민들에게 가혹한 현실이었다. 세금 체계는 단순한 물자 수취를 넘어, 사실상 '할당제'에 가까운 방식의 부담이었기 때문이다.

울산전복 진상에 관한 기록은 다양하다.《승정원일기(현종 6)》1665년

1월 28일 기사에 "국왕 생일에 진상한 전복을 잘못 준비한 울산부사 정승명을 파출罷黜했다"는 경상 감사의 보고가 있다. 왕실에 진상한 전복이 형체를 알아보지 못할 만큼 부패해 부사를 처벌했다는 것이다. 울산에서 서울까지 생복을 공수했으니 당시로서는 부패할 수밖에 없었다. 한 달 걸러 생복 150개, 숙복 150개를 올리고 반쯤 말린 전복을 날마다 바친다는 《여지도》서의 기록도 있다. 그러니 지방관들도 죽을 맛이라 1793년 경상도 관찰사 정대용이 마침내 토산물 진상의 폐단을 시정할 것을 청했다. "진상하는 마른 전복은 울산의 것이 잘다 하여 매번 사천·거제 등지에서 사들이는데, 이는 바로 제주에서 생산된 것으로 여러 곳을 거쳐서 입수된 것이다. 그리하여 높은 값과 거래 때 드는 잡비를 바다 백성들이 담당하고 있다."

울산의 전복 진상은 1801년(순조 1)에 폐지됐다가 1819년에 부활했다. 1861년(철종 11)에 다시 폐지됐다가 1879년(고종 16)에 또 재개했다. 그러다 1894년 갑오개혁 때 노비제와 함께 진상 제도가 사라졌다. 울산 전복이 왕실 진상품으로 특산물이었지만 울산 어민들은 수백 년 넘게 죽을 고생을 했다. 이를 알면 왕실 진상품이라고 무조건 자랑만 할 것이 아니지 않은가.

제 4 부

근대 울산

사라질 울산 근현대사-아! 삼일회관이여 (1)

 울산시 중구 북정동 58-6번지. 104년 된 울산 근대문화유산인 삼일회관이 있다. 장차 우리는 이 울산의 역사 문화적 상징물을 부끄러움 없이 그저 무관심 속에 무익한 파괴의 대열에 넣으려 한다. 1921년, 울산의 독립정신과 민족정신을 함양하기 위해 뜻있는 인사들이 세웠던 '울산청년회관'이다. 1971년 새로 지으면서 '삼일회관'으로 이름을 바꿨다. 모르는 사람들은 이곳의 미래 운명에 대해 알지 못하므로 아무런 느낌과 생각이 없을 것이다. 그러나 울산 근현대사와 3·1 독립정신, 민족정신과 언론 정신 고양, 시국 강연과 계몽·애국 행사, 여성·노동 야학과 향토사와 문화 활동의 중심이었던 터와 건물에 서린 선각자들의 강고한 정신과 빛나는 의식을 기억하고 사랑하는 마음을 공유해야 한다. 이 터와 건물은 쉽게 없애거나 잃어버려선 안 될 울산 역사의 중요한 장면이란 말이다.

　시민들이여! 삼일회관이 현대 작품이라고 업수이 여기지 말라! 우아하고 빼어난 건축미가 없다고 냉랭한 생각도 갖지 말았으면 한다. 도리어 울산 근현대사의 현장이며 위대한 정신이 배어 있는 터라는 것을 알면 절로 감탄이 나온다. 이곳에 밴 정신과 의지는 얼마나 강건한가?

　삼일회관이여! 아, 삼일회관이여! 곧 닥쳐올 재개발로 너의 생명이 찰나에 절박해졌다. 울산 청년 정신을 길러 온 기억마저 망각 속에 장사될 것이니 정말 어찌하면 좋을까? 경제와 법을 내세운 세태에 무자비한 중장비와 무정한 철퇴가 너의 몸을 조금씩 파괴할 날이 점점 다가온다는 것을 생각하고 가슴 쓰린 사람이 얼마나 있을까? 그러나 너를 구원할 사람은 현재 보이지 않고 너를 불쌍히 여기며 애쓰는 사람들은 힘이 없다. 지금 세상은 혼돈과 모순의 시대, 돈과 경제의 위력은 대단하다. 그래도 누가 이곳이 품은 위대한 정신적 가치를 부인할 수 있으랴? 이제 너를 구원하려는 자는 법을 모르는 자가 되고 너를 자세히 아는 사람은 발언에 무게가 가볍다. 많은 침묵 속에 그래도 다수는 너를 사랑하며 세월이 지날수록 너를 애모하는 마음이 점점 깊어질 것이라 확신한다. 그냥 없애 버리는 일은 간단하지만 답답하고 허망하며 아프지 아니한가? 누구도 말하기를 주저하는 분위기 속에 너를 흔적 없이 지우는 일은 나로선 차마 견디기 어려운 비참한 일이다. 이런 까닭에 나는 여러 사람을 대신해 한번 너의 존재를 세상에 의식케 하련다. 비록 장차 사라질 너의 운명을 지켜 줄 돈과 힘이 없지만, 역사와 문화, 정신세계에선 너를 불멸의 대상이 되게 하고프다.

아! 시민들이여, 울산의 100여 년 건축과 거기에 밴 정신과 그 터를 경애하라! 이에 필적 할만한 건물을 우리는 갖고 있지 않고 그곳이 전하는 역사와 정신을 복제할 수도 없다. 지금 무용하다고 마음대로 없애려 해선 아니 될 일. 역사와 문화, 민족정신은 공리功利를 초월한다. 울산의 독립정신과 청년의 혼이 가득한 터와 건물이 울산 어디에 또 있으며 이곳의 가치를 어디서 더 찾겠는가. 울산에서는 정말 중요한 건축물이자 귀한 터전이다. 재개발이 무익한 것은 아니지만 한 세기 켜켜이 쌓아 온 역사와 문화에 대해 몰염치한 행동을 나는 옹호하지 못하겠다. 이 땅의 자랑스러운 역사를 알고 정신을 이으며 지역문화를 육성하는 것이 정치가와 경제인의 할 일이요 힘이 아니던가.

삼일회관과 장차 들어설 아파트를 두고 어느 것이 더 역사적이고 더 정신적 우월을 가질 것인지 선택해 보라! 울산의 독립운동사와 민족정신을 상징하는 중요한 문화유산이 간직한 역사 문화적 가치를 정말 경제와 맞바꿔 단순 비교해도 좋다는 말인가.(柳宗悅의 글을 **패러디했다.**)

사라질 울산 근현대사-아! 삼일회관이여 (2)

　1921년 11월 27일 오전 11시. 울산 보통학교 뒤편 언덕, 인구 6천의 울산읍 중심에서 성대하고 뜻있는 잔치가 시작됐다. 상해임시정부 특사가 몰래 참석했다는 풍문과 함께 읍민과 농어촌·산촌의 군민들까지 몰려 인산인해였다. 1,042m² 터에 양식 2층 건물 '울산청년회관'의 역사적이고 성대한 낙성식. 전 시가를 내려다보는 이중의 녹문에 화려한 장식. 준비한 선전 삐라와 신문은 삽시간에 동났고 축하 불꽃과 건물 앞 원유회장에서 만세삼창을 부르며 모두가 감격의 눈물을 흘렸다. 이어 예기조합의 8선녀 등 가장행렬이 시가지를 가득 메우며 잔치 분위기는 절정에 달했다.
　울산청년회관(1971.3.1. 고기압 씨의 기부로 2층 콘크리트로 신축 삼일회관으로 이름을 바꿨다.)은 100여 년 역사를 지닌 울산 근현대사의 가장 중요한 장소이자 자랑스러운 터이다. 언양 병영 남창 독립 만세운동 후 울산은 면 단위 청년운동이 불길처럼 솟아올랐지만, 구심점이 될 공간이 없었는데 울산청년단이 유지들에게 성금을 얻어 회관을 지었다. 초기엔 독립정신 함양과 애국계몽의 장으로 활용하다가 야학과 활동사진, 신파극 등 문화 운동의 성지가 되었고 울산의 항일운동과 문화 활동의 산실이었다. 한마디로 울산의 독립운동과 사회·여성·노동·교육 운동의 요체로 별 건물이 없던 당시 '혼마찌' 언덕에 자리해 시가지와 태화강, 삼산이 내려다보이는 최고의 뷰를 자랑한 핫 플레이스였다. 유학생 귀국보고회는 일제를 맹비난했고 분개한 읍민들의 열기로 뜨거웠으며 야학은 청소년들의 향학열로 불타올랐다. 1930년 울산 최초의 사립유치원, 1926년 3월 7일 울산 기자단이 창립해 민중운동 농어촌 문제 사회운동에 관한 여론 조성과 바른 언론을 결의했다. 1927년 6월 민우회, 1928년 3월 신간회, 1930년 10월 근우회가 창립대회를 열고 민족의식을 드높이는 활동을 했다. 첫 손꼽을 만한 울산 항일운동의 자산이다. 1945년 8월 16일 울산 건국청년단이 결성, 본거지로 삼았고 6·25 때 단기 훈련장이었다가 미군 통신부대가 잠시 주둔한 뒤 제23 육군병원 분교가 울산초등에 들어서면서 임시 교실이 됐다. 1960~70년대엔 예식장으로 1980~90년대까지 강현필 선생의 시민대학이 성황을 이뤘다. 김형석 안병욱 김동길 등 당대 유명 강사들의 사자후가 아직도 귀에 쟁쟁하다. 1984년 8월 3일 길 건너에 울산도서관이 개관했다. 이는 1923년 2월 12일 태화루(옛 울산초등) 2층의 도서관 이후 최초의 공공도서관이었다. 박병호 기자는 한국 최초의 탐정소설〈혈가사〉를 집필했고 김태근은 울산문우회를 결성, 종합문예지《태화강》과 향토지《백양》을 여기서 발간했다. 소설가 김수용이 원고지를 메우고 청년단 박태용, 박지무, 차재규, 김동석은 노래를, 시인 이상숙, 소설가 박상지, 화가 김인수와 박기태 등이 일가를 이뤘던 터전이었다.

3·1 만세운동과 광복, 한국전쟁을 거쳐 1990년대까지 때로는 민족의식 계발의 산실로 때로는 독립정신과 민주시민 양성의 도량으로 '울산의 종갓집' 역할을 톡톡히 했던 상징적 장소이다. 이 문화유산이 시민의 무관심 속에 재개발로 사라지면 울산의 또 하나의 기억상실이자 파괴로 수치스러운 기록으로 남을 것이다. 1930년 울산의 첫 콘크리트 건물이자 최초의 읍사무소도 1995년 12월 7일 무참히 파괴되어 사라졌다. 120년 북정 우체국도 곧 같은 운명에 처한다니 임란 때 왜군이 읍성을 뜯어냈던 그 무지와 폭력이 떠오르지 않는가. 그동안 원도심 회복을 주창한 중구가 100여 년 '역사의 망실'의 편을 든다면 '문화도시 울산'은 얼마나 허망하고 위선적인가. '울산 근현대 역사관' 이나 '울산 항일독립기념관'으로 재탄생했으면 참 좋으련만 전망은 그리 밝지가 않다.

근대신문에 비친 울산비행장

우리나라 최초의 국제공항은 1928년 12월 2일 삼산벌에 개장한 울산비행장이다. 개장일 평양에서 온 정찰기 3대가 축하비행을 하는 광경을 보기 위해 5만 명의 구경꾼이 운집했다. 조선 전체에 비행기가 4대뿐이었던 때, 평생 못 볼 이벤트에 어마어마한 인파가 몰린 것이다. 준공 당시 울산비행장은 남북 길이 600m, 격납고 350평, 일본항공 사무소 35평, 공항사무소는 30평이었다. 첫 취항은 1931년 8월, 일본 후쿠오카를 오가는 12인승 쌍발 비행기가 매일 1회 운항했다. 1936년부터 운영난에 빠져 휴항하고 1937년 대구비행장으로 기능을 넘겼다. 1941년 태평양전쟁 때 군사비행장으로 개조해 일본에서 대륙을 오가는 군수물자 운반과 연료공급기지로 재개항했다. 해방 후 국방부가 관리하며 유사시를 대비해 일부를 활주로로 남기고 논으로 만들어 농민들에게 불하했다가 한국전쟁 때는 미군이 활용했다. 일본항공은 정기운항에 앞서 1929년 9월 4일, 기자들을 초청해 경성-울산 간 시승회를 했다. 〈乘機前에 焦燥心思 生死同盟의 구든 握手〉라는 제목의 기사를 쓴 중외일보 최학송 기자 등 5명이 첫 시승자였다. 최 기자는 〈천리창공에 비상하고〉 등 5회 더 연재했다. 처음엔 "마음이 초조하고 서로 간에 말없이 굳은 악수로 행운을 빌며" 잔뜩 겁을 먹었다가 여의도비행장 활주로에 "침착히 놓여 있는 비행기를 보고 내 가슴은 한층 울렁거렸다." 1시간 45분 만에 울산에 돌아와서 "천 리 먼 길을 구름과 벗하며 산을 내려다본 그 맛이 통쾌했다."라고 기분을 냈다.

"비행기 여행을 불원不遠에 자유로"라는 기치를 내건 일본항공의 시승회에 응한 조선일보 기자는 "천 리 먼 길을 겨우 1시간 45분에 날아갔다"며 "비행긔가 십륙만원이란 거액을 드려 이번에 새로 미국에서 제조해온 미덤성 잇는 것임으로 안심하고 탈 수 잇섯다. 비행긔 가티 유쾌하고 안전한 것은 없다."라고 혹했다. 그 후 9월 10일 동경~대판大阪~복강福岡~울산~경성~평양~대련大連 간 국제항공노선이 개설됐다. 동경에서 오전 7시 30분 출발, 대판·복강·울산을 거쳐 경성에 오후 5시 20분에 도착, 1박 후 다음날 오전 8시 30분 출발해 평양을 거쳐 오전 11시 30분 중국 대련에 내리는 1박 2일 노선이었다. 일본여행협회가 1932년(소화 7년) 발행한 관광안내서 '여정과 비용 계산'에 따르면 울산~경성 22원, 평양 35원, 대련 26원, 후쿠오카 18원, 오사카 53원, 동경 83원이었다. 당시 신종 직업인 전화교환수 월급이 25

원~50원, 백화점 점원이 20원~30원, 신문기자가 월 50~60원 받던 시절이었으니 보통 샐러리맨은 꿈도 꿀 수 없었다. 1932년 11월 여객은 총 433명, 〈여객기 이용 격증〉이란 제목이 붙은 1938년 1월 기사엔 547명이었으니 "초 스피-드 시대의 축복"이라는 홍보와 달리 소수만이 혜택을 누렸다.

울산의 신문지국들이 유람비행이나 비행시승 대회를 열기도 했다. 요금은 10분 비행에 1인당 5원으로 당시 울산-목도 간 자동차 요금(1원)의 5배였다. 1935년 4월부터 '새벽 3시에 떠나 저녁에 도착'하는 '당일치기' 비행이 도입되고 울산·신의주 등 비행장이 있는 곳에서 전보나 전화로 주문하면 곧 출동하는 '에어 택시' 사업까지 벌였다.

당시 울산비행장을 이용한 최고의 스타는 민족의 영웅 손기정이었다. 1936년 10월 17일 도쿄발 비행기로 귀국길에 휴식과 급유를 위해 울산비행장에 내렸다. 손 선수는 16일 오전 9시 출발, 오사카를 거쳐 후쿠오카에 내려 1박 했다. 17일 오전 10시 50분 발 비행기로 울산비행장에 도착, 내렸다가 점심을 먹고 삼산을 둘러본 뒤 여의도로 향했다. 1986년 필자에게 라면을 끓여주며 전한 내용이다.

눈물의 역전驛前, 만주 이민 가는 길

　1930년대, 조선의 농민들은 굶주림을 피해 고향을 떠났다. 울산도 예외는 아니었다. 가혹한 소작료에 신음하던 그들에게 자연재해와 일제의 수탈은 이중삼중의 재앙이었다. 삶을 지탱할 마지막 뿌리마저 흔들리자 멀리 만주행 이민 열차에 몸을 실었다. 이름조차 생소한 땅, 눈 덮인 벌판, 그곳에 희망이 있을 것이라 믿고 가족을 데리고 집단으로 만주에 이민을 갔다.

　1934년 3월 24일, 울산군 상북면 양등리 주민 40여 호가 만주로 떠났다. 며칠 전 유곡마을 20여 호가 먼저 떠났다. 가난은 봄도 허락하지 않았다. "정든 고향을 등지고 떠나는 그네들"이었다. 울산역과 호계역, 밀양역은 만주를 향해 가는 플랫폼이었다.

　1936년 4월 7일 동아일보는 〈울산군하에서도 50호 이민〉이라는 기사에서 "울산의 농민들이 호계역에서 우울한 봄 정든 고향 산천을 등지고 멀리 타국으로 떠난다."라면서 "이들에게 고향에 찾아온 봄이 무슨 의미가 있을까 생각하니 섭섭한 마음이 크다."라고 보도했다. 그러면서 "지난해 이맘때에도 울산군 내에서는 수백 명의 농민이 먹을 것이 없어 한끼의 밥이나마 먹어볼까 하고 남만주 벌판으로 울산역에서 출발했다."라고 전했다.

1937년 6월 7일에도 60여 명의 울산 사람들이 울산역을 통해 만주로 떠났고 1938년 봄에도 살길을 찾아 울산 농민 60여 명이 연길행 기차에 올랐다. 이날 역전에는 각 면에서 온 친지 가족들이 몰려와 이별의 눈물을 흘렸는데 무정하게도 기차는 기적 소리만 울리면서 떠나갔다.

1936년부터 1938년까지, 울산 농민들의 만주행은 멈추지 않았다. 언양, 삼남, 하서, 두서, 상북… 하루가 다르게 마을이 통째로 비어졌다. 어떤 날엔 60여 명이, 어떤 날엔 10여 가구가 함께 떠났다. 기차는 기적 소리만 남긴 채, 희망인지 절망인지 모를 땅으로 그들을 실어 날랐다. 1936년 5월에 언양 인근에 사는 100여 명이 밀양역에서 만주로 떠났고, 1938년 3월에는 울산 주민을 포함해 경남도 내에서 1,800여 명의 이주민이 요동으로 떠났다.

남은 자들의 굶주림도 멈추지 않았다. 1939년 9월 언양 주민 수천 명이 살기 위해 산에 들어가 도토리를 주웠다. "도토리 채취자 격증"이었다. 해마다 초근목피로 연명해 오던 그들은 익지도 않은 도토리를 캐 입에 넣었다. 땅이 말랐다. 곡식이 타들어 갔다. 남아 있는 자나 떠난

자나 살아남기 위한 사투는 같은 고행이었다.

일제는 만주를 '희망의 땅'이라 분칠했다. 농민을 실은 열차에 '히까리(光·빛)', '노조미(望·희망)'라는 이름을 붙였다. 그러나 그 열차는 이별과 단절, 비극과 오열의 상징이었다. 부산~봉천 간 열차는 그들에게 '이민'이 아닌 '망명'으로 이끌었다. 역전마다 솟구치는 울음이, 맨발의 아이들이, 주저앉은 어미가 열차의 문틈에 매달렸다. 먹을 것을 찾아 고향을 등진 이들에게 만주의 봄은 없었다. 연길의 벌판, 요동의 황야, 이름 없는 촌락들은 다시 가난의 거처가 되었을 뿐이다.

이별의 눈물은 역전에서만 흘린 게 아니었다. 부두에서도 생이별은 이어졌다. 부산과 하관을 잇는 관부연락선은 1909년부터 운행되었는데 일제의 수탈로 농토를 잃어버린 많은 조선의 농민과 노동자들이 이 배를 타고 일본으로 갔다. 1920년대 20만 명, 1930년대는 40만 명을 넘어섰고 1938년에는 무려 80여만 명에 이르는 조선인들이 배를 탔다. 부산항은 고향을 등지고 일본으로 가는 수많은 조선인이 흘리는 눈물로 바다를 채웠다.

일제강점기 때의 울산역은 단순한 철도시설이 아니었다. 그것은 생의 경계선이었다. 지금 사람들은 그날의 기차를 거의 기억하지 못한다.

고복수, 1930년대 판 미스터 트롯 탑3였다

1930년대 근대조선은 '전국 음악 콩쿠르'란 이름의 '오디션 열풍'이 대단했다. 지금의 '미스·미스터 트로트' 못지않게 폭발적 인기를 누렸다. 1934년 2월 17일 저녁 7시 서울 경성공회당. 입추의 여지 없이 몰려든 관객들이 전선全鮮 명가수 선발 음악대회 결선을 기다리고 있었다. 1933년 10월부터 전국 9개 도시 예선을 거쳐 뽑힌 19명이 1, 2, 3부로 나눠 최종적으로 경연하는 무대였다. '천재 가수 선발전'이자 조선 최초의 오디션이었다. 주최사인 조선일보는 "물밀듯 하는 청중은 정각 전에 대만원을 이룬 대성황이었다." "각 가수가 차례로 등단하자 연달아 재청을 청하는 등 근래에 드문 인기를 끌었다."고 했다. 성악가 현제명, 〈사의 찬미〉로 유명한 윤심덕의 동생 윤성덕과 이화여전의 메리 영이 심사했다. 뜨거운 인기만큼 부작용도 따랐다. "입상하면 돈을 내거나 그 회사 레코드 2장을 사야 한다는 어처구니없는 규정에 얼굴이 찌푸려진다."라며 공정심사를 주문하고 "여가수를 뽑는데 노래가 우선인데도 미모와 애교만 본다."라고 신문은 비판했다.

〈사랑은 구슬퍼〉를 부른 고복수는 남자로는 유일하게 TOP 3에 올랐다. (2위란 설도 있다) 그런데 수상 직후 1, 2위를 한 여가수 두 명은 도쿄로 가서 음반을 취입하는 특전을 누렸지만, 고복수는 외면당했다. 기다리다 6월에 전속 계약금 1,000원, 월급 80원에 OK 레코드로 스카우트돼 취입한 〈타향(본래 제목)〉이 대히트하면서 '국민 스타'의 길을 걸었다. 유랑극단 배우의 신세를 노래한 〈이원애곡〉이 앞면에, 〈타향〉은 뒷면에 넣었는데 서브곡이 그만 대형사고를 친 것이다. 한 달 만에 5만 장 매진, 국내뿐 아니라 간도와 만주. 일본 등 동포가 있는 해외에서도 그의 인기는 하늘을 찌를 듯했다. 특히 만주의 동포 위문 공연에서 더 빛을 발했는데 보따리 짊어지고 살길을 찾아 만주로 간 농소 언양 상북 출신들과 조선의 이민 동포들에게 '타향살이'는 유랑민 처지인 자신들을 대변한 노래로 큰 울림을 주었다. 동포들이 많은 하얼빈과 용정龍井에선 관객이 모두 흐느껴 울며 따라 불러 공연마다 극장은 울음바다였다. 한 열렬 여성 팬은 울다가 까무러쳤고 손수건에 '愛' 자를 혈서로 써 보낸 여성도 있었다. 간도에선 부산 출신 30대 여인이 자신의 소식을 고향에 전해달라며 쪽지를 전하고 돌아가 자살하는 사건도 있었다. 일제에 강제 동원된 노동자들과 이국으로 쫓겨간 동포들의 한을 달래준 노래, 고복수는 복음을 전하는 구세주였다. 노래가, 음악은 위대하다. 때론 펜보다 힘이 세다. 트로트의 힘은 지금도 여전하다. '3분 미학, 3분 예술'은 사람들의 삶을 바꾸기도 한다.

이듬해 4월 〈사막의 한〉〈짝사랑〉이 또다시 공전의 히트를 기록했다. 짝사랑은 "으악새가 어떤 새인지?" 묻는 퀴즈가 60년이나 계속될 정도로 불후의 명곡이었다. 그래서 조선 가요의 황금기는 〈타향살이〉에서 시작되었다는 평가는 맞는 말이다.

인생은 요지경이라고 해방 후 그의 삶은 순탄하지 않았다. 6·25 때 인민군에 납북됐다가 탈출, 생환 후 육군 정훈공작대에 자원해 활동했다. 탈출 중 만난 국군이 "암구호?"라고 하자 그는 엉겁결에 "타향살이"라고 답해 살아났다.

110곡을 남긴 고복수는 1957년 8월 명동 시공관에서 은퇴 공연을 한 뒤 가요학원과 택시회사, 영화 〈타향살이〉 제작 등 사업에 실패하고 노년엔 월부책 판매로 생계를 꾸렸다. 1972년 2월 10일 식도암과 폐 농양으로 별세했다.

트로트는 1930년대 '유행가'에서 뽕짝, 딴따라, 도로또, (대중)가요란 멸칭을 들으며 조선 유행가 열풍을 거쳐 지금에 이르렀다. 송가인, 임영웅 노래의 본래 뿌리와 원조는 '19030년대 판 미스터 트롯 TOP3'였던 울산의 고복수와 〈타향살이〉가 아닐까.

고래를 찾아 장생포에 온 이방인

1912년 2월, 28세의 미국 청년이 장생포 포경기지에 도착했다. Roy Chapman Andrews. 한반도 해안에 출몰하는 '고쿠 쿠지라(devilfish)'를 찾아왔다. 그는 '악마'가 회색고래(쇠고래, 極鯨)라고 확신했다. 한때 캘리포니아 연안에 대량 서식하다가 1870년경 거의 멸종할 정도로 광범위하게 사냥당한 그 고래였다. 그는 장생포에 약 7주 정도 머물며 회색고래를 직접 조사해 1914년 논문 〈THE CALIFORNIA GRAY WHALE〉을 발표했다. 결론은 한국 해역의 회색고래가 캘리포니아 회색고래와 같은 종이라는 것.

사람들은 장생포에 그의 동상을 세웠다. '한국계 귀신고래'를 발견, 연구했다는 전설을 덧붙여 놓았다. 그러나 '한국계 귀신고래'라는 민족적이고 낭만적인 서사가 1980년대부터 '발명'되었을 뿐 논문에는 '한국계 귀신고래'와 직접 연결할 만한 표현이나 내용이 등장하지 않는다고 한다. '한국계 귀신고래'는 앤드루스의 과학적 조사 연구를 민족주의적 관점에서 재발견해 만든 스토리에 불과하다는 것. (허영란, 1912년 로이 채프먼 앤드루스의 고래 조사와 '한국계 귀신고래', 2023)

앤드루스에 앞서 장생포에 신문기자 겸 작가 에미 스이인(江見水蔭)이 왔다. 그는 1906년 4월 16일부터 5월 3일까지 장생포에 머물며 두 차례 포경탐험에 나섰다. 동영상 촬영하듯이 시간대별로 기록해 1907년 《實地探險 捕鯨船(박문각)》이란 책을 냈다.

"1906. 4. 16. 새벽 일본 하카다(博多)항을 출발, 이날 밤 9시 장생포 도착. 날씨가 고르지 않고 파도가 심해 시간이 오래 걸렸고 뱃멀미로 고생했다. 장생포의 첫인상은 이국적이지 않고 일본과 별로 다르지 않아 실망했다. 건물과 설비, 선착장의 일본 배와 마중나온 사람이 일본인이었다." 조선에 왔으나, 조선다운 것을 볼 수 없어 아쉬워했다.

18일 오전 9시, 120t 포경선 '니콜라이호'에 탑승해 첫 탐험에 나섰다. 목적지는 울릉도. 포수는 노르웨이인 요르덴센-가족을 고국에 두고 홀로 장생포에 온 '울총'이었다. 선장은 일본인 나츠메(夏目). 이튿날 오후 4시. 울릉도 남서쪽 24마일 해상에서 28m짜리 수염고래(참고래) 떼를 봤다. 24일 레크스호를 타고 두 번째 나선 포경탐험. 포수는 노르웨이인 멜손, 다혈질이지만 세계 제일의 포수로 인정받는다. 함께 일하는 한국인 10명 중 김진희는 영어와 일어를 조금 알고 일을 아주 열심히 하는 사람이었다. 이날 고래 5마리가 나란히 물을 내뿜는 모습을 보았고 한 마리를 잡아 돌아왔다. 25일 김덕한 군수 초청으로 관아를 방문했다. 일본 요리와 술을 대접받고 6명의 관기와 함께 재판을 보았다. 관리가 기생과 술을 마시면서 재판하는 나라, 감옥도 죄수가 자기 먹을 식량을 가져가야 하고, 돈만 있으면 감옥 밖으로 나오는가 하면 술과 여자를 가까이할 수 있다니 의아해했다. 27일 부산에서 경주 고분 출토 토기와 철제 말, 민속품 수십 점을 샀다. 29일 고대 토기를 구하기 위해 월봉사에 가 뒷마당에 있는 사자 모양 조각품을 획득했다.

학성관(울산 객사) 앞 태화루를 보고 "건축은 훌륭하지만 수리하지 않아 아주 황폐해졌고 비바람에 건물이 상해서 아주 위태로웠다."며 "학성관은 장려한 건축이지만 허술하고 관리가 되지 않아 마치 옛 절에 참배하러 온 것 같다."라고 평했다.

그는 "땅에 쌓아놓은 고래 뼈에 붙은 썩은 고기를 깎는 사람들. 집은 나쁜 냄새가 나고 사람들 위생상태는 불결했다."라고 비하했다. 또 "주막도 깨끗하지 않고 관청 기생조차 천연두를 앓은 흔적에 눈병에다 입 냄새가 나고 살찌고 추접했다. 한국인은 가식과 허영이 있고, 시간 약속을 잘 지키지 않는다."라며 자신이 동경하던 서구 '문명인'의 시선으로만 조선 그리고 장생포를 바라봤다.

또 하나의 징용, 조선인 '미하리'의 비애

나는 '미하리'였다. 감시병, 망보기라는 일본어다. 나는 어릴 적부터 유달리 눈이 밝았다. 별빛만 있으면 밤길에서도 엽전을 골라냈고, 가을 들판에서 메뚜기가 툭 튀기만 해도 그 궤적을 따라 손으로 잡아챘을 정도였다. 모두가 신기해했고, 밝은 눈이 내 평생의 복이 될 거라 믿었다. 그러나 그 눈은 결국 나를 바다로 내몰았다. 고래를 쫓는 자리, 일본 포경선 망루 위였다. 당시 조선인 미하리는 극심한 차별 속에 왕복 항해에 두 달이나 걸리는 남빙양 포경에 나섰다가 1~2개월 휴가를 받아 집에 와서 신나게 놀았다. 주민들의 선망 대상이었고 영웅 대접을 받았다. 여러 명이 한꺼번에 같은 기간의 휴가를 받아 머물다 가고 나면 다음 해엔 며칠 간격으로 동네 여기저기서 아기 울음이 터져 나왔다.

처음엔 동네 김씨가 남빙양에서 개선장군처럼 돌아와 많은 월급과 활약상을 자랑하면서 눈 밝고 힘센 장생포 사람들이 1937년부터 앞다퉈 포경선단을 탔다. 선원들은 35원 하던 군수 월급의 두 배인 85원을 받았다. 쌀 1가마 5원 하던 때였다.

장생포 청년 '미하리' 스무 명은 일본 해군에도 징용당했다. 이유는 단 하나, 눈 밝고 힘이 세다는 것. 3개월간의 교육을 받곤 주로 수송선에 배치됐다. 마스트 꼭대기의 둥지 같은 관측대에서 적함이나 잠수함을 찾아내는 일이 임무였다. 쌍안경은 시야가 좁다며 버리고 오직 눈으로만 관측하던 조선 청년 4명이 수송선 격침으로 수중고혼이 됐다.

나는 운 좋게 살아 돌아왔다. 장생포 바닷바람 속에는 내 청춘이 머물러 있다. 고향을 떠나 올라선 포경선 망루 끝에서 나는 매일 수평선을 훑었다. 바다 위 어딘가 솟아오르는 물기둥, 고래의 숨결을 기다리는 것이 내 일이었다. "있다!" 소리치는 즉시 고래는 작살에 꿰였고, 바다는 붉게 물들었다. 선장은 내 등을 치며 웃었고, 피비린내에 진저리를 치던 나는 입을 다물었다. 그날 밤 꿈에 고래가 내 눈을 향해 울부짖었다.

미하리는 시급이 높았다. 대신 위험했다. 고래를 놓치면 배 전체가 허탕을 치기에 그럴때마다 내 눈은 의심받았고, 일본인 선원은 나를 몰래 밀기도 했다. 바다에 빠진 조선인 미하리가 돌아온 경우는 드물었다. 바다에 빠진 나를 건지려는 사람은 하나도 없었다. 내 눈이 밝다는 사실이, 오히려 삶의 방향을 잃게 했던 것인가 싶어 슬펐다.

그 시절 남빙양 포경은 세계 포경사의 절정이었다. 1938년 6개국 41개 선단 2백56척이 출어, 1만 4천9백 마리의 대왕고래를 포함해 4만 6천39마리의 고래를 살육하고 55만 6천7백21t의 기름을 빼냈다. 포획두수에서 남빙양은 세계의 84%, 산유량의 91%를 차지했다. 일본은 1940~41년 사이 9천9백48마리를 잡아 최고 신기록을 남겼다. 이 시기 장생포는 동해안 제1의 항구로 번성했다. 고래 해체 인부만 수백 명이었고 구경꾼도 인산인해였다. 광복 후 집에 왔을 때, 내 눈은 희미해져 있었다. 멀리 수평선을 바라보던 눈은 육지의 초점에 맞지 않았고, 작은 글씨도 읽을 수 없었다. 어머니는 세상을 떠났고, 내 청춘은 고래와 함께 바다 밑으로 가라앉아 버렸다. 다시는 바다에 나가지 않았지만 항구에 정박한 낡은 배를 보면, 망루 끝에서 허공을 응시하던 내 청춘이 떠오른다. 장생포 청년들과 내 눈은 결국 밝아서 불행했으니 인생의 아이러니다. 고래를 찾아 헤맸고 빙산과 물기둥을 보았고, 잠수함도 보았지만, 나의 삶은 보이지 않았다.

결국 포경은 금지되었고, 고래와 함께 웃던 청춘도 사라졌다. 이제 망루 위 청년은 이 땅 어디에도 없다. 눈 밝은 죄로 바다에 징용된 미하리는 전설로 남았을 뿐, 아무도 관심을 갖지 않는다.

가미카제와 황군이 된 울산 청년들

일본 여자 도모코를 사랑하고 일본군 전우들과 깊은 우정을 나누며 사람 대 사람으로 관계를 맺었던 김선재. 그는 출격 하루 전 "절대 대일본제국을 위해 가는 것이 아니다."라며 "조선 민족 만세! 도모코 상 만세!"를 외쳤다. 그리고 사랑하는 도모코 앞에서 〈아리랑〉을 부르고 전투기에 몸을 실었다. 호타루(반딧불이)는 죽은 황군의 혼이 돌아온다는 의미로 쓰였다. 일본 영화 〈호타루(철도원의 감독 후루하타 야스오 연출)〉는 조선인 가미카제를 기억하는 일본인들의 이야기다. 그들이 잊지 못하는 영화 주인공 김선재는 가네야마 소위다. 불세출의 영웅이 아닌 그저 운명에 순응한, 불가항력의 현실을 마주한 평범한 부산 젊은이였다.

"아리랑 노랫소리를 멀리 모국에 남겨 놓고 산화한 꽃, 꽃" 일본 가

고시마현〈知覽特攻平和会館〉입구 돌비석에 새겨진 글이다. 태평양 전쟁에서 가미카제 특공대원으로 산화한 조선 젊은이들의 넋을 기리기 위해 일본인이 세웠다. 이곳은 원래 가미카제 특공대의 비행기지였다. 1945년 3월 26일부터 7월 19일까지 4개월간 목숨 잃은 육군 대원은 모두 1,036명. 그중 조선인은 11명이다. 해공군을 합하면 더 많을 것이다. 이들은 모두 1~20대로 아까 돈보(고추잠자리) 연습기로 훈련한 뒤 제로센(zero戰) 전투기에 폭탄을 싣고 적 함대에 돌진해 봄날 사꾸라처럼 사라졌다. 울산 청년들도 그렇게 희생됐다.

울산 청년 '광수'는 이와모토(岩本光守)로 창씨 개명하고 17세 이 모 전 교장(1928년생)과 함께 소년 비행병에 지원했다. 그는 1925년 하상면(현 병영 일원) 출생으로 1945년 3월 26일 오키나와 해상에서 20세로 전사해 2계급 소위로 특진 추서됐다. 조종 후보생 12기로 제23 독립 비행 중대 군조(軍曹, 군국시대 일본 육군 하사관)로 생을 마감했다.

일제의 강요로 전장에 나간 울산 청년들은 가미카제 외에도 수없이 많다. 1940년 10월 1일 《삼천리》(제12권 9호)에 《銃後 愛國 美談》이란 제목의 황군 지원병 글이 실렸다. "울산군 농소면 平山孝善(29)이 소학교를 졸업하고 황군 용사를 지원하는 마음은 항상 불타고 있었으나 가세가 빈한하여 초지를 관절치 못하든 중… 지난 초순 전면민 열광적 환송리에 용약 출발" 경찰과 지역 유지들이 어머니에게 의연금 200원을 주며 엄청난 애국 집안이라 치켜세웠다.

당시 신문은 울산의 지원병 분위기를 온갖 미사여구로 칭찬했다.

1938년 2월 방어진 4명을 시작으로 울산의 지원병 미담이 잇따라 신문에 기사화됐다. "울산군 지원병 7명의 용사들이 충진보국의 赤誠을 가득 담고 신사에 참배하고 다수 군민 배웅을 받아 장도에" "지원병 강연에 기생이 감격, 울산의 헌금 미담" "해군에 혈서 지원" 등의 제목을 달고 울산의 지원병 규모나 열기가 경남 도내에서 단연 1위라고 자랑했다. "울산군 지원병 3백명 목표, 2일 현재 150명" "울산군 지원병: 학과시험 합격 52명" "경상남도에서 제1위인 울산의 지원병 열기, 혈서와 탄원이 계속 이어져 감격…."

우리는 아직도 '식민지 시대'와 친일파를 완전히 청산하지 못했다. 노재팬이란 구호나 선동으로 해결할 일이 아니다. 황군과 가미카제로 희생된 울산 청년들, 1920년대 초에 태어나 강제로 황민화 교육을 받고 10대 중후반에 각종 유혹과 꾐에 빠져 타의로 지원했다. 역사에는 항상 빛과 그림자가 있다. 누가 친일파이고 누가 희생양인지 가려야 한다.

방어진은 근대 울산의 효시였다

　동구 방어진은 울산에서 가장 먼저 근대화의 바람이 불었던 곳이다. 천혜의 항만과 풍부한 어자원을 눈여겨본 일본 어민들이 1897년부터 이주하기 시작해, 방어진은 조선과 수산업의 거점으로 탈바꿈한다. 근대도시로서의 여러 조건을 갖추고 번성을 누렸다. 러·일전쟁 이후 일본은 방어진을 군사적·경제적 요충지로 삼아 본격적인 어업기지를 구축했다. 이 시기 방어진에는 방파제, 전기, 우편소, 세관, 은행, 극장과 요정, 유곽까지 들어서는 등 근대화의 바람이 거세게 불어 닥쳤다. 조일관 등 청루골목에 500여 명이 넘는 게이샤가 영업할 정도로 번성했다는 증언도 있다.
　1920년대에는 전국 연안 어획량의 10%를 차지할 정도로 호황을 누렸고, 정어리·고등어·삼치가 대량 어획되었다. 방어진항에는 성어

기마다 500여 척의 어선과 150여 척의 운반선이 몰려들어 불야성을 이루었다. 오카야마현 히나세 출신 어민들이 모여 살던 일본인 집단 거주지는 '히나세 골목'이라 불렸고, 방어진 시가지는 동진, 서진, 남진, 중진 등으로 구획된 계획도시 형태를 갖췄다. 상진 언덕배기에는 집단촌을 세웠고 1928년에 동해안 최초의 방파제를 완공한 뒤 도로와 근대식 학교도 지었다. 1906년 3월 일제는 옛날 말 목장이 있던 대왕암공원 내에 등대를 설치하면서 '울산의 끝'이라는 뜻으로 울기蔚崎라 이름 붙였다.

방어진 인구도 급증했다. 조선조 울산부 호적대장에 헌종 말년인 1849년에 30호가 살고 있었다고 돼 있는데 1890년대에 160여 명이었던 곳에 1911년 일본인 200여 호가 이주해 정착했다. 1921년엔 일본인 350호 1,400여 명을 포함해 5,000여 명의 거주자가 있었다. 1924년에 일본인은 437호였고 1925년 6월 신문에는 "방어진 1,000여 호 중 400여 호가 이미 일인들"이고 우리 민족은 500여 호 남짓이라 돼 있다. 성어기 때 방어진의 유동 인구가 1만 5천여 명에 달했다는 통계도 있다. 일제강점기 방어진의 파시를 일컬어 '남방부고南方富庫'라 할 정도였으니 개도 오만원권 지폐를 물고 다녔다는 과장이 나올 만도 했다.

1937년 읍으로 승격하면서 순사 주재소, 은행, 철공소, 통조림공장, 전기회사 등이 속속 들어섰다. 정어리 기름공장과 하야시가네 어업부, 조선소 등도 활황을 이뤘다. 일본인 실업가 나카베가 발전기를 들여와 울산 최초로 전기를 공급했고 울산~방어진 철도를 계획하기도 했다.

이러한 기반 속에 방어진은 장생포에 버금가는 포경기지로 성장했다.

당초 일본인들은 러일전쟁 후 청어와 고래를 쫓아 본격적인 집단이주를 했다. 1916년 방어진 근해에서 고등어, 고래, 삼치, 정어리가 많이 잡혀 880만 원의 수익을 올렸는데 이는 전국 연안에서 잡은 물고기의 10%에 달했다. 1930년대 울산 해역은 '세계 3대 정어리 어장'에 꼽혔다. 이때 어군 탐지용 비행기를 띄우고 방어진에 격납고 설치를 계획할 정도였다. 일본의 출어 이주민은 주로 오카야마, 후쿠이, 시마네, 카가와 출신들이었다.

일본 오카야마현 히나세 마을 주민들은 마을지에 당시 방어진의 풍어상황을 이렇게 회상했다. "하룻밤에 1천 마리의 삼치를 어획하여, 망을 거두면 배가 가라앉고, 배를 침몰시키지 않으려면 그물을 버려야 하는데 어찌할 줄 몰라 곤란에 빠졌던 적이 많았다." 자연 그대로의 원시 바다였던 당시의 방어진항에 어족자원이 얼마나 풍부했던가를 증명해 준다.

언양의 조선인 축살 사건

1927년 10월 17일 월요일 오후 3시. 언양 장날. 가을 햇살이 좋았고, 언양과 서부 5개면, 경주와 밀양, 청도에서 온 사람들로 장터는 북적였다. 상북면 등억리 산골에 사는 김경도(34세)는 숯을 한 지게 지고 아침 일찍 장터에 왔다. 오전에 다 팔아 기분이 좋았다. 점심을 먹고 장터 옆 동부리 180번지 가게 앞에서 담배 한 개비를 입에 물었다. 성냥이 없어 길에 붙어 있는 가게 주인 가리야(刈屋盆槌)의 부인에게 성냥을 청했다. "담배 피우게 성냥 한 개비만 빌립시다." 그러자 가리야의 부인은 "돈 주고 사라"며 쏘아붙였고 일본말로 욕설을 퍼부었다. 김 씨도 맞대응하며 실랑이를 벌였는데 남편인 가게 주인 가리야가 안에서 뛰어나오더니 다짜고짜 김 씨의 뺨을 때리고 밀어뜨렸다. 급기야 게다를 신은 발로 김 씨의 급소에 '사커-킥'을 날렸고 김 씨는 정신을 잃고

졸도했다. 이를 본 정인섭의 아버지 정택하가 다개리 의사 이종호를 청해 침을 놓고 겨우 살렸다. 깨어난 김경도는 걸음을 제대로 걷지 못해, 같이 온 사람에게 업혀 집으로 갔다. 김 씨 가족은 이튿날 언양면에 있는 일본인 의사 하야시다를 불렀고 왕진 온 의사는 환부에 약을 바르고, 소변을 빼내더니 "걱정할 거 없다."라며 돌아갔다. 그 뒤 일본인 의사는 제대로 치료를 해주지 않았고 고소를 위해 요청한 진단서조차 거절했다. 차도가 없던 김경도는 사건 발생 5일 뒤에 사망했다. 형이 언양 주재소에 고소한 직후였다.

'일본인의 조선인 축살蹴殺 사건'은 삽시간에 언양과 울산 전체에 퍼졌고 사람들은 분노에 가득 차 치를 떨었다. "불 좀 달랬다고 사람을 걷어차 죽이다니!" 분노한 언양 주민들은 단순 폭력 사건이 아닌, 식민지 조선인에 대한 차별과 억압의 상징으로 받아들였다. 의사의 사망진단도 엉터리였고 가해자 처벌이나 일본어 신문 보도가 민족 차별투성이였기에 더욱 그랬다. 언양 청년회와 상남·하북 청년회는 22일 밤 8시 언양 청년회관에서 연합회의를 열고 진상규명과 가해자 성토, 피해자 유족 구조 등을 결의했다.

부검 결과 김 씨의 사망 원인이 가리야의 축살 때문으로 결론 나 10월 23일 오후 6시 울산 경찰이 가리야를 체포해 구금했다. 재판에서 가리야는 혐의를 부인했지만, 징역 5년이 구형되었다. 사건 발생 3개월여 뒤인 1928년 1월 27일 부산일보는 "가리야에게 징역 5년 구형, 판결은 오는 31일"이라고 보도했다. 유족은 부산지방법원에 위자료 및 손해료로 부인 박말순에게 3,780원, 장녀에게 4,160원 등 총 8,540원을 가리야에게 청구했다.

당시 일본인의 식민지 조선인에 대한 축살 사건은 그리 드문 일이 아니었다. 하지만 언양의 조선인 축살 사건은 민족 차별에 대한 항의, 지역민의 분노와 비난 여론이 한데 뭉쳐지면서 언양의 청년이 중심이 돼 전국으로 확산시킨 사례였다. "악독한 왜노, 우리 동포를 차서 죽였다."라는 분노였다. 언양 주민들은 사건을 알리는 선전지 4,000장을 뿌리고 시민 규탄대회를 계획했다. 선전지에는 "조선 소년들아! 일본인을 타도하여 조선을 회복하자! 조선 독립 만세!"라는 글이 태극기와 함께 실렸다. 민족지 동아일보는 "악독한 일본인 조선인 축살 – 불 좀 달란다고 차서 죽여, 가해자는 유족이 체포(1927.10.29.)"라고 보도했지만, 친일지 부산일보는 가해자를 비호하고 뒷북보도에 축소 왜곡까지해 시민사회단체의 거센 항의를 받았다. 재판까지 24건의 보도가 잇따랐다.

일본 야마구치현 출신인 가리야는 35세 때인 1911년 7월, 언양에 온 '1호 일본인 이주자'였다. 사건 당시 언양에는 일본인 9가구 36명이 거주했는데 가리야 부부는 동부리에서 잡화상과 숙박업을 했다. 사건 8년 뒤, 1935년 가족과 함께 언양을 떠났다.

울산의 신사神祠

　1945년 8월 16일, 울산 읍민들이 북정동 언덕에 모여들었다. 동헌 뒤편, 지금의 울산시립미술관과 울산초등학교 터 어귀였다. 시가지 전체를 내려다보는 높은 언덕 위, 한때 울산의 경계표처럼 우뚝하던 일제의 신사가 있었다. 주민들은 곡괭이와 망치를 들고 제단을 허물었다. 도리이(鳥居)는 힘겹게 뽑혀 쓰러졌고, 그 잔해는 땅속에 묻혔다. 침묵 속에 오래 참아왔던 조선의 분노와 수치심이 그날 처음으로 흙바닥 위에서 온전하게 숨을 쉬었다.

　울산에도 신사가 있었다. 한 곳도 아니고, 세 곳 이상이었다. 울산 신사와 방어진 신사, 장생포 신사. 그리고 1911년 9월에 방어진 남단에 세웠던 작은 사당도 신사 구실을 했다. 모두 일제가 강제한 '황민화 정책'의 상징이자 군국주의의 학습장이었다. 참배는 신앙이 아닌 강요

된 복종이었고, 신사는 단순한 종교 시설이 아닌 정신적 병영이었다.

울산 신사(중구 기상대길 4-1)는 1923년 12월 20일 북정동 언덕 위에 세웠다. 천장절이나 승전 기념일에 참배식을 열고, 학생과 주민이 고개 숙이고 허리를 굽히며, 믿지도 따르지도 않는 신 앞에서 예를 갖췄다. 봄가을 마쓰리에 강제 동원되고 매년 9월 1일 '애국일'에 새벽 5시 사이렌 소리와 함께 신사 참배와 묵념을 했다. 거절은 불가능했다. 방어진 신사(동구 방어동 204-14번지)는 1927년 6월 30일, 지금의 용왕사 자리에 세워졌다. 1938년 주민 3천여 명의 주민을 모아 지원병 가는 청년을 전송하는 의식을 열었다. 장생포 신사(남구 장생포동 212-2)는 1927년 7월 24일, 장생포 천지만디에 세워져 1937년에 울산군 대현면 주최 무운장구 기원제를 거행했다. 아직도 신사의 기단 일부가 남아 있어 건립연대와 목적을 읽을 수 있다.

"아이치현 사람 '마루야마 노스케(丸山利之助)'가 1910년 집을 짓고 살다가 1927년 신사 부지 222평을 기증한 데 대해 진심으로 감사하며 '씨족 신의 후손 일동'이 비를 건립해 영구히 전한다."라는 내용이다. 1932년 4월 '신명신사 숭경자 일동'이 세운 공덕비다.

울산의 신사는 모두 '신명신사'였다. 조선총독부가 정식 허가한 1등급 신사神社가 아닌, 격이 낮은 2등급 신사神祠였다. 하지만 참배의 강제성과 정신적 억압은 다르지 않았다. 일본인이 밀집하거나 시가지 조망이 가능한 높은 구릉지에 신사를 세워, 그들은 내려다보고 조선인들은 늘 올려다보게 했다. 물리적 위계는 곧 정신적 강제였다.

1936년부터 '1면 1신사주의' 정책에 따라 면 단위까지 신사 건립을 독려했다. 1940년 3월 6일 부산일보는 〈황기 2600년 봉축 기념사업: 강동면민의 열의로 신명신사를 건립하다〉라는 기사에서, "면장과 학교장 등이 침식을 잊고 희생적 열의로 지난 3일 오전 11시 강동면에서 공직자들 학생 유지 경방단 국방부인회 등 300여 명이 모여 굴미 군수, 경찰서장 등이 지진제地鎭祭등 신명신사 건립 제의를 성대히 치렀다."고 전한다.

이보다 앞선 3일 자 〈三南신사 건립에 봉사단 활동하다: 올가을 대제까지 조영 완성(울산)〉이란 기사에서 "삼남면 牛來千里씨가 1938년 10월 건립을 목표로 삼남 신사 봉제기성회를 조직해 일본인 등 1,600여 명을 모집하고 3천수백 원을 모금해 삼남 가천리 신사 터 매입과 작년부터 평탄 작업을 진행했다. 47개 부락 진흥회 봉사작업 1,500여 명이 신사 건립 공사에 참여. 작년 12월 말 신사 부지 공사를 완성하고 오는 11월 3일 대제일에 신전과 도리이 국기 게양대 동방요배장을 완성 목표로 공사 중"이라고 보도했다.

신사와 유구는 치욕의 역사를 알려주는 흔적이자 증거이다. 동시에 부정할 수도 없는 울산 근현대사 현장이다.

역사에 기록된 '울산海'

"울산 앞바다에 구름 걷히고, 승승장구하며 추격하는 함대의 용맹에 침몰하는 러시아 류릭호" 1904년 '울산해전'에서 대승한 일본 제독 가미무라 장군을 칭송하는 일본 군가의 일부이다. 군가는 '울산 앞바다'로 시작한다.

1904년 8월 14일 새벽 4시 25분. 울산 남방 해상에서 일본 제2함대와 러시아 블라디보스토크 함대 간에 해전이 벌어졌다. 황해 해전 4일 후에 도주하던 러시아 함정을 일본이 추격하면서 벌어진 교전이었다. 일본의 장갑 순양함 4척과 방호 순양함 2척, 러시아 장갑 순양함 3척이 참전했다. 결과는 일본 순양함 1척이 가벼운 피해를 본 데 반해 러시아는 다수의 사상자와 함께 순양함 류릭호가 격침됐고 다른 2척은 크게 파손당했다. 일본 해군의 승리, 대첩이었다. 그들은 '울산해전'이라 한다. 일본이 '蔚山沖海戰' 또는 '조선해협 해전'이라 부르는 반면 러시아는 'Бой в Корейском проливе (대한해협해전)'라 한다. 일본의 《極秘 明治37·8年 海戰史》에 따르면 일본 측 전사자 45명 부상자 81명, 러시아 측 전사자 343명 부상자 652명, 일본 해군이 구조한 러시아 해군(포로)은 626명이었다.

한반도를 둘러싼 러일전쟁은 일본 해군의 기습으로 시작돼 동해에서 끝을 맺었다. 울산해전의 승리로 일제는 대륙을 향한 노선을 확보하고, 러시아 극동함대의 블라디보스토크 연결 항로를 차단하면서 동해 제해권을 완전히 장악하게 됐다.

역사 속의 울산 바다는 언제나 한일 충돌의 현장이었다. 신라 건국 8년째인 기원전 50년 "왜인이 병사를 일으켜 변경을 침범하려 했는데, 시조가 신령한 덕이 있다는 말을 듣고 되돌아갔다."는 기록을 시작으로 내물이사금 때 왜가 수도까지 장악할 정도로 위기에 처했다. 고구려 광개토태왕이 "400년에 보병과 기병 5만 명을 보내 신라를 구원했다. 신라성에 이르니 왜가 가득하였다. 막 도착하자 왜적이 퇴각했다."는 비문을 남겼다.

왜구의 울산 바다 침범은 고려와 조선 시대에도 끊이지 않았다. 조선 초 이예 선생이 71세까지 왜에 끌려갔던 포로 667명을 쇄환해 올 때 울산 바다를 통해서 건너가고 돌아왔다. 고려 말 울산과 울산바다는 왜구의 침입으로 백성이 살지 않는 버려진 땅이었지만 조선 시대에는 '국방'이라는 핵심 키워드가 가장 잘 어울리는 요충지가 되었다. 방어진과 남목의 말 목장과 경상좌도수군절도사영이 이설된 개운포는 서생포·염포와 함께 수군 기지로 운영되었고 염포는 '삼포개항' 중 하나로 왜관이 설치됐으며 《세종실록지리지》는 울산 8경에 전함홍기戰艦紅旗를 소개할 정도로 울산 바다는 국방과 전략적 가치를 인정받았다.

처용의 출현이나 해상 무역도 울산 바다가 신라의 관문이라는 지정학적 특징 때문에 가능했다. 서축의 아육왕이 보낸 배가 울산 바다에 도착했기 때문에 황룡사 장육존상과 동축사가 탄생했다. 이는 불교 남양 전래설의 근거가 될 수도 있다. 석탈해가 수로왕에게 패해 탈주한 곳, 박제상의 발선처이자 6세기 구법승들의 중국 유학 출발지가 모두 울산항이었다. 박윤웅은 소금과 해산물로 경제력을 확보하는 등 울산 바다를 발판으로 지방호족으로 성장했다. 가토는 울산 바다를 통해 도주했고 방어진에 오카야마 어민들이 와서 정어리 방어 청어 가자미를 싹쓸이했다. DJ 납치 사건 때 김대중 선생이 생존 후 도착한 육지가 울산의 방어진이란 설도 있다. 6·25 초 승전의 기틀을 마련한 백두산호 해상전투도 울산 바다에서 이뤄졌다. 2005년 6월 한일 경비정의 20시간 대치사건도 간절곶 남동쪽 16마일 해역에서 벌어졌다. 역사적으로 울산 바다는 국방과 경제면에서 언제나 요충지였다.

울산의 봄은 동백섬에서 시작된다

 겨울 끝에서 봄까지 울산의 봄은 목도의 동백섬에서 시작된다. 어쩌면 한반도의 첫 꽃소식일지도 모른다. 일찍이 《세종실록지리지》를 비롯해 읍지와 각종 지도에 '동백섬'이 소개되고 옛 시에도 나오는 명소였다. 1973년 하춘화는 〈목도는 내 고향〉이란 노래를 불러 잠시 유행했다.

 조선 태종 때 울주 수령이 동백섬 꽃놀이에 취해 흥청망청하다 큰 사고를 당해 유배를 당했다. 왕은 지울주사知蔚州事 이복례李復禮가 기생 등 집단 익사 사고를 사실대로 보고하지 않은 데다 근무시간에 유흥에 빠진 죄를 물어 선산에 귀양보냈다. 1411년 6월 9일, 이복례가 염장관과 전 감무, 만호를 초대해 기생 5명 종 5명을 데리고 동백섬에 갔다. 기생과 풍악으로 온종일 술을 마셨는데 돌아오는 길에 풍랑을 만나 배가 뒤집혀 기생과 종 등 10명이 죽었다. 이복례는 처음에 자신은 가지 않았고 단순 사고라며 허위 축소 보고하다 결국 자백했다. 왕이 "수령이 음탕한 까닭에 죄 없는 백성이 또 죽었으니, 불쌍하구나. 거짓 보고라니."라며 크게 노해 "이복례를 붙잡아 목에 칼을 씌우고 발목에 쇠사슬을 채워 도망가지 못하게 하라."고 명했다. 《신증동국여지승람》 제영조(경상도관찰사 안등의 시)와 《점필재집(김종직 문집)》에 이에 관한 시가 전한다. 시는 팩트를 오독하고 과장돼 있다. 기생 30명이 익사했다거나 섬에서 뱀을 죽여 변을 당했다는 표현은 과장이다. 왕은 이복례의 고향이 선산이라 해서 3일 만에 유배지를 전남 진도로 바꿨다. 근데 울산 백성들의 분통함을 고려했다면서 1년 후 사면하고 고신(告身, 사령장)까지 주었다.

동백섬의 유명세는 근대에도 식지 않았다. 1936년 5월 11일 경성일보 1면에 '춘도의 풍정'이란 사진기사가 실렸다. 서울에서 온 특파원이 '동백의 섬(춘도)'을 촬영해 "조선에서 진귀하고 남국적인 동백의 섬이 있다. 춘도는 상록수로 뒤덮여 있고 동백이 우거져 진홍 꽃잎이 해변에 흩날린다. 통도사 분원 절이 있고 울산에서 차로 40분, 차비 65전. 목도에서 작은 배로 8분, 어른 입장료 5전"이라고 썼다.

동백섬은 울주군 온산읍 방도리 산 13번지, 15,074㎡의 작은 섬으로 1962년 12월 7일 천연기념물 '울주 목도 상록수림'으로 지정된 우리나라 동해안 쪽에 있는 유일한 상록수림이다. 물고기가 서식하는 데 알맞은 환경을 제공하여 물고기 떼를 해안으로 유인하는 어부림의 역할도 하고 있어 조상들의 생활상을 엿볼 수 있는 귀중한 자료이다. 동백과 곰솔, 사철나무, 후박나무, 다정큼나무, 벚나무, 팽나무, 자귀나무, 두릅나무, 노린재나무, 칡, 멍석딸기, 인동덩굴, 등나무, 감나무, 구기자나무 등이 섬 전체에 고루 분포하고 있다.

오랫동안 동백섬 또는 춘도椿島섬, 목도라 불렀다. 섬 모양이 물고기 눈을 닮아 目島였고, 신라 때 시누대로 화살을 만들었다고 竹島였다. 椿은 신령스러운 나무 이름 또는 장수를 비유해 남의 아버지를 이르는 말인데 일본에선 쯔바키(동백)라 읽는다.

1930년대 전국에서 온 상춘객이 연 3만~5만 명으로 방도리 목도나 남구 황성동 개운포(처용암)에서 배를 타고 다녔다. 1990년대까지 화전놀이 명소였다. 이 사진 한 장 없으면 울산 사람이 아니라 했다.

기록 속의 울산 동백은 여럿이다. 문수산 혁목암이 한반도 동백역사의 시원이라는 근거가 《삼국유사》에 있다. "이 나무는 범어로 달제가怛提伽라 부르는데, 이것을 赫이라 하고, 오직 西竺과 우리나라 문수산에만 있다." '혁목'은 곧 동백나무다. 학성공원 오색팔중산춘과 장춘오의 산다화가 모두 역사 속의 울산 동백이다. 그때만 해도 울산은 '마카 동백'이었다.

중구문화원의 역사와 장소성

 울산에는 구별로 지방문화원이 있다. 지방문화원은 지역문화의 진흥을 위한 지역문화 사업을 수행하기 위하여 지방문화원진흥법에 따라 설립된 법인이다. 울산의 문화원 역사는 남구문화원에서 출발했다. 1966년 박영출 원장이 달동 허허벌판에 문화원 건물을 세운 이래 울산문화원의 역사가 시작됐다. 박 원장은 울산문화원 역사에 잊지 못할 위인이며 울산문화원의 출발이자 초석을 다진 어른이고 산 증인이자 비조鼻祖였다.

 5개 문화원 중 울산의 종갓집-원도심의 중구문화원은 2020년 독립 원사를 가졌는데 문화원 사무공간 앞 태화 어울마당과 함께 본래 울산 최초의 읍사무소이자 월성 이씨의 태화서원 자리였다. 태화서원은 2019년 4월 중구 학성동으로 옮겼다. 처음엔 울산도호부 도총소 건물이었다가 후에 내상면 사무소 등으로 사용되었고 울산이 읍으로 승격되면서 읍사무소가 되었다. 도총소는 무관들이 회의하던 곳으로 울산도호부 도총소는 1797년(정조 21년)에 세워졌다. 정면 4칸, 측면 3칸의 팔작지붕에 홑처마 구조였다. 구한말과 일제강점기를 거치면서 울산 행정체계가 바뀔 때마다 1917년 상부면, 부내면을 거쳐 울산면이 되면서 면사무소였다가 1931년 읍 승격으로 자연스럽게 읍사무소로 사용했다.

울산 읍사무소는 당시 울산 행정의 1번지로 동헌 자리인 울산도호부 건물이 첫 울산군청사였고 주변에는 법원과 등기소, 우체국과 울산초등학교, 경찰서가 포진한 형국이었다. 울산 관가가 모두 집중했으니 '울산의 종갓집-원도심'이란 별칭이 그래서 나온 것이고 지금도 어울리는 말이다.

이후 읍 사무소는 도총소 자리에서 학산동 123번지로 옮겼다. 1933년 1월, 철근 콘크리트 2층 슬레이트 건물로 1, 2층 사이에 일장기 문양을 새겨 신축했다. 부지 547평 건평 94평 부속 건물 3동까지 연건평 110평 공사비 1만 2,150원 땅값 3,009원 건축비 8,450원이 들었다. 신축 1년만인 1934년 3월 29일 8시 20분 불이 나 2층이 전부 불탔다. 새로 건축했는데 지붕을 새로 한 것 외에 처음 건물 그대로 1920~1930년대 서유럽과 미국에서 유행하던 아르코 양식(단순함과 깔끔한 형태가 특징)이었다. 남아 있다면 역사적이고 조형미 뛰어난 건축물로 평가받으며 울산에서 가장 아름다운 건축물이라 해도 손색이 없을 것이다.

읍사무소를 이전하는 과정은 험난했다. 도총소였던 읍사무소가 낡고 좁으며 위치도 부적당하니 이전하자는 여론이 높은 가운데 지역별 유치운동이 과열돼 울산읍 동부와 서부 간 갈등이 커졌다. 면 협의회 투표 결과 6 대 6 동수였는데 동부는 학산동 사유지로 이전하자는 여론을 업고 동해남부선 개통으로 발전 여지가 많은 동부 이전이 옳다고 주장했다. 이에 우정동 등 서부 8개 동대표 20여 명은 공유지인 성남동 연못(성남시장 일원)을 메워 경비를 절감하자면서 대립했다. 서로 자기 지역에 유치가 안 되면 군과 도에 진정하고 면장에 대한 불신임을 하겠다는 협박도 했다. 치열했던 유치전은 1932년 열린 음악회에서 동쪽인 학산동 이전으로 결론이 나 1933년 이전을 완료했다. 기존 사무소는 퇴화서원을 거쳐 지금의 중구문화원이 됐다. 1951년 부통령 이시영이 울산을 방문해 이종하 씨에게 매입을 권유했고 이 씨가 종중 소유로 사들여 태화서원으로 활용해 왔다.

새 읍사무소는 울산읍이 시로 승격한 1962년 6월 1일부터 첫 시청사로 사용하다가 1970년 1월 1일 시청사가 현재 자리로 옮겨가면서 중앙출장소로 변경, 1985년 7월 울산의 구제 시행으로 초대 중구청사였다가 1990년 10월 중구청이 이전하면서 옥교동사무소로 사용하다가 1995년 철거했다.

김울산, 혁신기생에서 기부의 여왕으로

조선 시대 기생은 천민이었다. 갑오개혁 때 공사 노비제가 폐지되면서 비로소 신분이 해방됐다. 기생을 '해어화解語花'라고 한 것은 교양 있는 양반과도 소통할 수 있을 정도로 학식이나 예술적 재능을 겸비했다는 칭찬 아닌 칭찬이었다. 일제강점기를 비롯한 근대 대중예술의 꽃이자 스타로 대접받았고 많은 이들이 독립운동과 다양한 사회활동, 민족운동에 헌신했다.

고향 '蔚山'이란 지명을 이름으로 쓴 대구의 계몽, 교육사업가 김울산 여사도 그런 분이다. 김울산(1858-1944)은 대구에서 향이香伊라는 관기로 살았지만, 돈을 벌어 계몽과 교육사업가로 변신해 이른바 '기부의 여왕'으로 살았던 '혁신 기생' 중 한 명이다. 기생에서 기부의 여왕이 되었다면 요즘 비유로 '김밥 할머니'나 '떡볶이 할머니'처럼 평생 힘들게 모은 전 재산을 사회에 희사한 선각자이자 여장부라 해야겠다.

울산에서 아버지 철보哲甫와 어머니 이봉순李奉順의 2녀 중 장녀로 태어난 김울산은 16세에 아버지를 여의고 대구로 가 관기가 되었다. 우여곡절 끝에 정미소와 술집을 경영하면서 많은 돈을 모았는데 44세 때에 분연히 일어나 농업을 하는 한편 새로이 음식점을 개업하여 부지런히 근면 노력한 결과 점차 축재했다.

1909년 대구를 방문한 순종이 하사금을 전달한 후 육영사업가로 변신한다. 순종의 하사 이유는 분명치 않지만, 아버지가 조선말 통정대부였고 흥선대원군과 가깝게 지내면서 하사받은 땅이 상당했다는 설도 있다. 그 후 그녀는 '女史 혹은 夫人'이라는 흔치 않은 칭호로 불리며 기생 출신 기록은 모든 곳에서 사라졌다.

순도학교順道學校 설립을 시작으로 1910년 대구에 명신여학교를 건립하고 1916년 2월에는 도로개설을 위해 많은 땅을 기부했다. 이후 신문은 육영사업가로 선행과 잇따른 기부행위를 했다는 등의 기사를 37번이나 보도했다. 1926년 운영난에 빠진 명신학교를 인수해 광복의 염원을 담아 교명을 복명학교復明學校로 바꾸고 자기 이름도 '울산' 대신 '복명'으로 고쳤다. 1936년에 시가 6만 원의 토지를 학교에 기부하면서 "지식도 천박할 뿐 아니라 경험도 없는데 교주라는 이름도 매우 외람되다."며 겸손해했다. 70대 노인이 복명학교를 위해 내놓은 재산이 당시 쌀 4천 섬에 해당하고 전체 기부는 지금 시세로 치면 500억 원을 넘는다고 한다.

그의 일상은 너무도 검소했다. 빗자루는 몽당비가 되도록 사용했고, 문풍지가 찢어지면 모아 둔 헌 종이로 때워 발랐다. 자신을 위해서는 지나치게 인색했고 사회와 이웃을 위해서는 후하기가 한량없었다. 누가 보든지 남의 심부름하는 사람에 지나지 않는다고 할 옷을 입고 다녔다. 젊어서부터 못 당할 곤욕을 당해가며 한푼 두푼 모은 전 재산을 사업을 위하여 제공한 그 자선심을 대구 주민은 칭찬하여야 할 것이다라는 기사도 있다. 학교와 유치원 설립에 거금을 쾌척한 것은 오로지 여성교육과 계몽, 독립정신 함양이 목적이었다. 이재민 구휼에도 힘써 대구 대홍수에 쌀 2천 석을 희사했고 흉년 때 소작인 세를 감면해주니 감격한 소작인들이 자발적으로 대구 조야동 등 두 곳에 송덕비를 세웠다.

오점은 말년의 친일행위였다. 환갑을 앞둔 1914년 제1차 세계대전 당시 일본에 300원의 군자금을, 70대에 조선 비행기 건조에 헌금했다. 83세 때 미나미 총독이 주최한 기로연에서 "미나미 총독 만세"를 공개적으로 외쳤다. 1932년과 35년 일제는 교육 공적을 인정해 표창했다.

커피를 처음 마신 울산 사람은 누구일까

우리나라에서 최초로 커피를 마신 사람은 파리 외방전교회 베르뇌 신부라 한다. 1861년 4월 마카오에 있는 리브와 신부에게 부탁해 인편으로 보내온 것을 서울에서 마셨다. 최고의 커피 덕후이자 조선인 최초 음용자는 고종이다. 1896년 아관파천 때 웨베르 러시아 공사가 준 커피를 마셨다. 서양에서 온 국물이라 해서 '양탕(국)'이라 불렸다.

울산에서 처음 커피를 마신 사람은 누굴까. 서양 신부나 목사, 선교사로 추정한다. 우선 울산 최초의 개신교회인 병영교회는 1895년 1월 이희대 씨의 집에서 출발했다. 이 씨는 호주 장로교 애덤스 선교사 일행을 초청해 첫 예배를 드리고 자기 집을 헌납해 교회로 만들었다. 이때 선교사 일행이 커피를 휴대했다면 이희대 씨는 울산 사람 최초의 커피 음용자일 것이다. 그 시기 이미 호주도 커피를 애용했다.

이후 1899년 러시아가 포경회사를 설립하면서 노르웨이와 러시아인들이 장생포에 많이 왔다. 브라질 커피의 생산량이 엄청나게 증가하면서 전 세계로 퍼져나간 때이다. 포경회사 서양인들도 당연히 커피를 애용했을 것이다. 1911년 겨울. 벽안의 서양인 젊은이가 장생포 동양포경회사에 도착했다. 미국 샌프란시스코에서 출발해 일본 요코하마를 거쳐 울산에 온 로이 채프먼 앤드루스라는 20대 탐험가였다. 그는 영화〈인디애나 존스〉의 실제 모델이자 한국계 귀신고래를 탐구했다. 그는 틈틈이 바닷가에서 커피를 마시며 향수를 달랬을 것이다.

1926년 언양에 첫 공소가 지어졌고 초대 신부 보드뱅이 부임했다. 이때 언양에 처음 커피가 알려졌을 수 있다. 보드뱅 신부는 중국인 등을 동원해 1937년 성당을 건축했다. 이 기간 프랑스인 신부의 소울푸드는 커피가 아니었을까.

광복 후 울산에 커피가 본격 상륙했다. 1953년 가로수 다방이 생기고 이즈음 가수 윤수일의 아버지가 장생포에 왔다. 미 공군 조종사 칼의 아들이 1955년생이니 최소 54년엔 장생포 처자를 만났던 셈이다. 한국전쟁 때 인스턴트커피가 미군 보급품으로 알려지면서 우리나라에도 대중적 인기를 끌었다. 윤수일 부모는 커피를 마시며 사랑을 나누지 않았을까.

부산근현대역사관은 기록상 '조선인 최초의 커피 음용자'는 개항기 부산항 감리서 방판 민건호라고 했다. 그의《해은일록(1883~1914의 일기)》에 1884년 7월 27일 해관에서 중국인 당소의唐紹儀로부터 갑

비차(甲斐茶, 커피)와 설탕, 일본 우유, 궐련(담배)을 선물 받았다는 기록이 있어 해관 업무 특성상 베르뇌 신부보다 훨씬 전에 접했을 수가 있다는 것이다.

해외에서 조선인 최초로 커피를 마신 사람은 최양업 신부로 추정한다. 1837년 마카오에 도착해 1849년까지 프랑스 신부 리브와에게 지도받았다. 리브와는 상당한 커피 애호가였고 우리나라에 처음 커피를 전한 사람이니 충분히 함께 마셨을 가능성이 크다. 최양업은 1861년 선종 직전까지 언양 상북에서 '길 위의 전도'를 했다. 담당 공소가 127곳, 1,622명에게 고해성사를 주었고, 어른 203명에게 세례성사를 집전했다. 한국인 최초로 라틴어·프랑스어·중국어 등에 능통한 사제였던 그는 죽림굴에서 쓴 편지에 '영남알프스'란 단어를 처음으로 사용했다.

베이비부머들은 20대부터 풀 방구리에 쥐 드나들듯이 다방을 출입했다. 달걀노른자를 넣은 쌍화차로 아침을 때우고 저녁엔 "그야말로 옛날식 다방에 앉아" 도라지 위스키 한잔에다 짙은 색소폰 소리를 들으며 괜히 성냥개비로 집을 짓고 이로 물어뜯었다. 누나들은 "커피 한 잔을 시켜 놓고 그대 오기를 기다려도" 오지 않는 임을 원망하며 속을 태웠다. 신문물은 늘 먹물처럼 우리 일상에 스며든다. 지금의 커피 열풍도 그렇게 시작돼 '완전 정복' 상태를 맞고 있다.

대동 사회를 꿈꾼 금광왕 이종만

　1937년 5월 12일, 서울 남산동 천진루여관. 대동광업 창립 기자회견이 열렸다. 자본금 3,000여억 원에 4억 평에 달하는 거대 금광회사의 창립 기자회견에 많은 기자가 몰렸다. 회견의 주인공은 울산 출신으로 조선 광업계에 혜성처럼 등장한 '금광왕 이종만'이었다.
　이 사장은 500억 원을 출연해 '재단법인 大同 농촌사'를 설립하겠다고 선언하며 다른 금광을 팔아 번 돈의 3분의 1을 소작농을 위해 내놓겠다고 해 당시로선 엄청난 계획이자 말 그대로 '폭탄선언'이었다.
　금광왕 이종만의 삶은 흥미롭다. 27번 망하고도 28번 또 일어선 '7전 8기' 인생도 그렇지만 그의 대동사상은 '노블레스 오블리주' '아름다운 부자'의 전형과 같다. 하지만 그는 친일인명사전에 올랐고 자진 월북해 북한 정권에서 광업 장관과 최고인민회의 대의원 등을 지내 애국

열사릉에 묻혔다. 츠키시로 쇼마(月城鍾萬)로 창씨개명했고 친일행위를 했다. 1930년대 중반부터 일본군 전쟁 위문품, 헌금을 내고 대화숙大和塾 등 친일 단체에 가입, 임원이나 간부로 활동했다. 잡지 《삼천리(1940.7)》에 지원병 관련 글을 기고해 조선인들에게 "천황을 위해 전장으로 나가 싸울 것"을 독려했다.

이종만은 1885년 울산 대현면 용잠리의 가난한 집 7남매 중 둘째 아들로 태어났다. 그의 삶은 실패의 연속이었다. 러일전쟁이 발발한 1904년, 지혈제인 옥도정기 원료인 미역을 매점했다가 이른 종전으로 첫 사업의 실패를 맛봤다. 이후 어업 임업 광업 등 많은 사업에 도전했지만 할 때마다 실패했다. 53세가 되어서야 때마침 불어닥친 황금 열풍에 힘입어 조선의 '금광왕'에 등극했다. 33년간 무려 스물일곱 번이나 실패한 것이다. 그러나 좌절하지 않고 불굴의 정신으로 역경을 극복하고 재도전했다.

대동사상은 그의 인생 철학이자 신념, 신앙이었다. 그는 언제나 '이익의 사회 환원'과 '이공계 인력 양성' '일하는 사람은 다 같이 잘살자'라는 꿈을 강조했다. 당시로선 파격적인 '집단농지계획'과 7대 3 소작제를 선보였다. 소작료를 50% 이상 징수하지 못하게 법으로 규정되어 있었지만, 60~70%씩 받는 악덕 지주가 적지 않았던 시기에 소작료를 30%만 받겠다는 것이었다.

동아일보 1937년 9월 17일 자 사설은 "이런 갸륵한 독지가의 토지가 불행히 157만 평에 불과하여 그 수혜 소작인이 겨우 연천, 평강, 영흥

3군의 153호에 그치는 것은 매우 섭섭한 일"이라며 '부자가 더 큰 부를 소유하지 못해 안타깝다.'라고 찬사를 보냈다.

언론은 그를 이상주의자이자 진보주의자, 농촌운동가이고 문화건설자, 광산경영을 최초로 근대기업으로 발전시킨 경영인이라고 소개하거나 조선의 로스차일드, 카네기라고 불렀다.

1930년대 조선은 온 나라에 금광 열풍이 불었다. 실패를 거듭하던 이종만이 조선 재계의 혜성으로 등장한 때가 바로 '노다지'의 시기, 1937년이었다. 당시 조선, 동아일보에 가장 많이 등장한 재계 인사였다. 함경남도 장진 일대에 무려 4억 평에 달하는 지역 금광 개발권을 소유해 조선 거부 탑 3에 들었다.

경자유전 원칙에 충실해 소작인에게 토지를, 광부에게 광산을 돌려주려 했고, 일하는 사람이 다 같이 잘사는 사회를 원했다. 어떤 졸부도 그이만큼 돈을 아름답게 쓰지 못했으며 그의 실패는 아름답고 숭고했다. 부를 누리기 위해 돈을 쫓은 것이 아니라 베풀기 위해 돈을 쫓았다는 평가는 다 이유가 있었다. 93년 인생 중 마지막 사업은 '북조선 광업 건설'이었지만 또 실패했다. 그의 대동주의 표어의 첫 머리는 '공동체'를 강조하며 이렇게 시작한다.

'나'라고 말자. 오직 '우리'라고 하자.

울산에서 발견된 '동경이'와 '칡소'

　태화루 앞 장터. 가마 주변에 네댓의 가마꾼과 양반 차림의 조선인, 그리고 허름한 차림의 시종으로 보이는 이들이 서 있다. 오른편에 아이 한 명과 개 한 마리가 보인다. 전설 속의 토종개 '동경이'다. 아이는 동경이의 주인인 듯하며 이를 통해 당시 울산에도 동경이가 적지 않게 살고 있었음을 짐작할 수 한다. 촬영 시기는 1910년대와 1930년대로 추정한다. 태화루(학성관) 앞에서 찍힌 동경이는 품종 표준화의 실마리를 제공한 만큼 역사적 가치가 크다. 현재 남아 있는 동경이 사진 중 가장 오래된 것으로 마지막 흔적인 셈이다. 1500여 년 동안 우리 민족과 함께했던 동경이는 자취를 감추었다가 2012년 11월 6일에 재발견했다. 경주시 건천읍 용명공단길 138-14의 개체 200두가 '천연기념물 제540호(경주개 동경이)'로 지정된 것이다. '댕견', '댕갱이', '동동개'로도 불리던 동경이는 꼬리가 없거나 5㎝ 이하의 짧은 것이 큰 특징이다. 외형은 진돗개와 비슷하며 성격이 온순하고 사람을 잘 따르고 주인에 대한 복종심이 강하다. 사냥능력도 매우 뛰어나며 털은 흰색, 검은색, 누런색, 호랑이 무늬 등 다양하다.

1920년대에 5~6세기 경주 고분군에서 나온 수십 개의 개 토우와 토기 파편에서 동경이가 확인됐다. 《삼국사기》에는 "야생노루와 같이 생긴 개가 서쪽에서 사비성 왕궁을 향해 짖었다."라는 기록이 있다. 그리고 1669년 경주 부윤 민주면의 《동경잡기》에 '동경구東京狗'라는 명칭이 처음 등장한다. 이 외에 《증보문헌비고》, 《성호사설》, 《오주연문장전산고》, 《임하필기》 등 다양한 고문헌에 동경이에 대한 기록이 남아 있다.

박목월 시인은 동시 〈얼룩송아지〉에서 "엄마 소도 얼룩소, 두 귀도 얼룩 귀"라고 노래했고, 정지용 시인은 "얼룩빼기 황소가 해설피 금빛 게으른 울음을 우는 곳"을 차마 잊지 못하겠다고 읊었다. 화가 이중섭은 말라비틀어진 흰 소와 검은 줄무늬가 있는 황소를 그렸으며, 고구려인들은 4세기 안악 3호분 남쪽 벽화에 시커먼 소와 외양간을 남겼다. 신라인은 울진 봉평비에 "신라 6부는 반우(斑牛, 얼룩소)를 잡고 술을 빚었다."고 새겼다. 예전엔 단순히 젖소나 황소라 여겼지만 알고 보니 모두 칡소였다. 칡넝쿨을 감아 놓은 듯 검은 줄무늬가 있는 칡소는 오래전부터 얼룩소 혹은 호랑이 무늬를 빗대 호반우虎斑牛라고도 했다. 우리 민족과 오랜 역사를 함께했지만, 일제강점기 때 검정 소와 함께 일본으로 반출돼 숫자가 급감했다.

'얼룩빼기 황소-칡소'가 울산에도 있었다. 1718년에서 1722년까지 방어진 목장의 감목관을 지낸 홍세태의 시 '작촌雀村'에 "농부는 두 마리 굳센 소로 힘써 밭을 간다. (田翁氣力雙牛健)"라는 구절이 있다. 중양절 즈음 남목 불당골에서 농부가 두 마리의 강건한 소를 묶어 보리밭을 갈던 모습이다. 남목동사무소 일대 '작은 마을'일 가능성이 크다.

멍에를 메고 밭갈이하던 '두 마리 굳센 소'는 곧 '겨릿소'였고 통상 칡소를 일컫는다. 겨리는 두 마리 소가 쟁기를 끄는 것이고 한 마리가 끄는 것은 '호리' 또는 '단우려'라 불렸다. 울산이나 경상도에서 보기 드문 장면이지만 홍세태는 울산 동구에서 겨리 농경을 보았고 그 겨릿소가 칡소였다. 귀하고도 희소한 동경이와 칡소가 울산에 실재했다는 사실은 사진과 시를 통해 우리가 확인할 수 있다. 역사가 숨쉬던 현장, 마지막 모습을 보인 장소는 바로 울산이었다.

영욕의 학성공원

 1928년 4월 15일. 착공 1년 만에 울산 최초의 '학성공원'이 준공됐다. 울산시 중구 학성동 100번지 일원. 개원 때 면적은 7천여 평, 공사비는 당시 화폐로 5,700원이었다. 부지의 절반은 김택천이 아버지 김홍조에 이어 사유지를 기부했다.
 이 산은 신라 때 쌍학이 내려왔다는 설화에서 신학성 또는 학성이라 했다. 산 모양이 섬인 듯해서 도산島山이라고 하다가 시루를 엎은 것 같아 시루성(甑城)이라고도 했다. 임진·정유재란 때 가토 기요마사가 왜성을 쌓은 뒤 조명연합군에 맞서 농성을 벌이다 7년 전쟁을 끝낸 역사의 현장이다.
 태화강과 동천강을 아우르는 울산의 이수삼산二水三山을 조망하기에 최적의 장소이다. 태화사지십이지상 승탑(보물 441호)은 박물관으로 옮겼고 이재선 선정비와 서덕출의 봄 편지 노래비, 박상진 의사 추모비, 김홍조 공덕비와 요산대樂汕臺는 아직도 남아 있다.

학성공원은 그냥 공원이 아니라 피의 현장, 치열한 동아시아 국제전의 현장이었다. 1597년 권율과 마귀가 지휘한 조·명연합군과 도산성(현 학성공원)에 진지를 구축하고 맞선 가토의 왜군이 서로 죽고 죽이는 피의 전쟁을 치렀다. 12월 23일(음력)부터 이듬해 1월 4일까지 벌인 울산성 전투는 '7년 전쟁'을 끝낸 계기가 되었다. 전투에 참여했던 나베시마 나오시게(鍋島直茂)의 '蔚山城戰鬪圖'와 종군 승려 게이넨(慶念)의 '朝鮮日日記'에 당시의 처절함이 잘 묘사되어 있다. 당시의 치열한 장면을 종이에 금박을 입혀 세밀하게 그린 '도산성 전투도'가 지금도 전한다. 원본은 가토 휘하 장수 나오시마 나오시게가 종군 화가에게 그리게 했는데 메이지 때 소실되었다. 1886년 나베시마 가문의 의뢰로 화가 오쿠보 세쓰도가 다시 그린 6폭 병풍화(모사본)가 일본 나고야성 박물관에 소장되어 있다.

축성의 달인이자 전쟁의 귀신이었던 가토의 설계와 지휘 아래 모두 1만 6,000여 명을 동원해 40여 일 만에 왜성을 완공했다. 자재는 병영성과 울산 읍성을 허물어 사용했다. 성은 태화강을 따라 내륙진입과 유사시 해안을 이용해 후퇴하기 좋은 요충지였지만 식량과 식수 확보가 어려운 데다 섣달의 맹추위까지 겹쳐 성에 갇힌 왜군은 하루하루가 죽음이었다. 말을 잡아 고기를 먹고 피를 마시며 버텼고 굶주림과 질병으로 고통받는 등 할복 직전에 있다가 6만여 명의 원군의 도움으로 탈출해 돌아갔다. 왜성에 갇혀 있던 왜군 1만여 명은 고립된 채 궤멸 직전에 몰려도 끝내 항복하지 않았다. 일본은 이를 '울산성 농성籠城'이라 미화하며 위안 삼는다. 농성은 적군에게 에워싸여도 성문을 굳게 닫고 성을 지킨다는 말이다.

가토는 울산에서의 뼈아픈 경험을 와신상담, 절치부심의 교훈으로 활용했다. 구마모토성 아래에 울산에서 데려간 포로들을 집단거주시키고 '울산 마찌'라 했다. 식량과 식수 부족에 시달렸던 악몽을 되살려 식용 가능한 토란과 고구마 줄기로 성에 다다미를 짜고 조롱박으로 성벽을 도배했다. 성 안에는 120개의 우물을 파고 곳곳에 은행나무 등 유실수를 심어 유사시를 대비했다.

같은 장소를 두고 우리와 일제의 인식이 달랐다. 우리는 휴양지로 활용했지만 일제는 가토의 농성을 강조하며 제국주의의 정신적 결집을 고무하는 성스런 장소로 받들었다. 일제는 1935년 5월 조선 고적 제22호로 지정, 격을 높이고 우리는 해방 뒤 국가 사적 제9호(1963년 1월)로 지정했다가 1997년 10월 '울산왜성'으로 바꿔 시 문화재자료로 격하했다. 일제는 울산성지회를 조직해 보존 운동을 벌이고 1943년 유울油蔚 연락기지 기공식을 개최하는 등 학성공원을 대단히 중요하고 상징적 전적지로 성역화하려고 했다.

4월의 울산독립운동

　울산에서도 1919년 독립 만세운동을 치열하게 벌이며 일제에 저항했다. 적지 않은 울산 사람들이 목숨 걸고 만세운동에 뛰어들었다. 울산의 3대 만세운동은 언양과 병영, 남창 의거이다. 언양은 4월 2일, 병영 의거는 4월 4과 5일 이틀이었고 그리고 남창은 4월 8일에 거사했다.

　병영은 서울 유학생들이 고향에 돌아와 주도했고 언양은 천도교, 남창은 학성 이씨 문중이 중심이었다. 서울 등에선 1919년 3월 1일 독립 만세운동을 시작했지만, 교통과 통신수단이 발달하지 못했던 여건 탓에 울산은 4월 초에 만세운동이 일어났다.

　울산은 일제의 강제 병탄 직전에 이미 의병 항쟁을 벌인 곳이고 이후 항일운동을 치열하게 했던 곳이다. 국내 항일투쟁의 상징인 대한광복

회의 뿌리도 울산이다. 그분들이 목숨 바쳐 이루고자 했던 소망은 단하나. 빼앗긴 국권 회복이었다. 아울러 자유와 평등, 인권과 평화가 보장되는 새로운 나라를 건설하기 위함이었다.

근대 울산 사람의 기질은 '호상고상무예好商賈尙武藝'였다. 상업을 좋아하고 무예를 숭상했다는 표현이다. 신라 이후 소금 장사나 국제무역항으로 부를 축적했고 수도 경주를 방어하는 군사기지 역할을 담당하다 보니 그런 기질이 길러졌을 것이다. 특히 병영 사람은 경상좌도병마절도사영(병영)의 영향 탓인지 울산에서 가장 기질이 강하고 운동을 잘했다. 강한 의리와 굳건한 심지, 불의 앞에 절대 머뭇거리지 않는 정의감은 대표적인 '병영 기질'이다. 일제강점기에 병영 청년들은 독립만세운동을 주도해 울산에서 가장 치열했고 희생자도 가장 많았던 것도 병영 기질에서 기인한 것이란 해석이 있다.

울산시는 2021년 남구 달동 문화공원에 '울산 항일독립운동 기념탑'을 건립했다. 병영·언양·남창의 3·1만세운동을 비롯해 외솔 최현배 선생의 국어 운동, 성세빈, 박상진 의사 등 울산 출신 항일 독립유공자 102명의 이름을 새겨 울산 항일독립운동 역사의 상징과 의미를 담았다.

울산의 독립운동 의사는 현재 185위位, 전체 참가 인원은 1만 5,000여 명으로 파악된다. 그러나 독립운동 업적으로 추모의 대상이 된 의사는 언양 33위, 병영 26위, 남창 8위 등 70여 위에 불과한 것으로 알려졌다. 그것도 이들 3개 지역에서 봉제와 기념식 등 추모사업을 제각

각 진행해 통합의 추모 공간이 아쉽다. 안동 풍기 밀양 등이 지역 독립기념관을 건립하고 현창과 추모사업을 활발히 하는 것과 대조적이다. 전국 7대 특·광역시 중 지역 독립운동 기념관이 없는 곳은 울산뿐이란다. '울산독립기념관' 건립이 절실하고 시급하다. 독립유공자 위패도 한곳에 모아 봉안할 수 있어야 한다. 나라와 민족을 위해 희생한 분들의 공적을 기록하고 기억하는 것은 우리 후손의 의무이고 그들을 기리기 위한 기념관 건립은 시대적 과제다. 나라를 위해 희생한 분들이 제대로 예우받고 애국이 최고의 가치로 존중받을 때 국가도 도시도 절로 품격이 높아진다.

제 5 부

Who What When Where Why
그리고 How

고래논에서 성경의 요나를 생각하다

 북구 강동 무룡산 너머 황토전에는 물청치이라는 골이 있다. '고래논'은 그 입구에 있다. 이곳을 지날 때면, 언제나 성경 속 요나가 떠오른다. 야훼의 부름을 피해 도망치다 바다에 던져진 요나, 그리고 그를 삼킨 큰 물고기. 그는 물고기 뱃속에서 사흘을 보내며 회개하고, 결국 육지로 토해진다. 고래논 설화는 성경의 요나와 서사구조와 내용이 흡사하다. 동서양의 상상력이 너무나 닮았다. 큰 물고기는 고래로 추측한다. 요나가 강동에 왔겠느냐마는 동과 서를 떠나 인간의 상상은 닮게 되어 있나 보다.
 울산 북구 어물동 1077번지. 구남에서 어물동 가는 고개에서 오른쪽으로 들어가는 해송배기 산기슭. 고래논은 서너 마지기쯤 되는 넉넉한 논으로, 아무리 가물어도 물 걱정이 없는 일등 상답이다.

옛날 강동(금천이나 당사) 바닷가에 살던 한 어부가 고깃배를 타고 바다로 나갔다. 고기잡이가 한창이던 때 사나운 물결이 일더니 큰 고래 한 마리가 물기둥을 내뿜으며 다가왔다. 어부는 필사적으로 도망쳤으나 고래는 큰 입을 벌려 그와 배를 통째로 삼켰다. 어둠 속에서 깨어난 어부는 쥐고 있던 칼로 고래 뱃속을 찢었다. 고통에 몸부림치던 고래는 큰기침을 해 그를 뱉어냈고, 기진맥진한 어부는 가까스로 해안가에 쓰러졌다. 마을 사람들이 그를 구조했다.

나중에 어부가 마을 사람들과 함께 배를 타고 고래를 찾아 나섰고, 마침내 핏빛 바다에서 죽은 고래를 발견해 해안으로 끌고 왔다. 고래는 초가삼간 다섯 채가 들어설 만큼 거대했고, 어부는 그것을 팔아 논을 샀다. 그래서 생긴 것이 고래논이다.

이 이야기에는 두 가지 결이 있다. 하나는 절망 속에서도 삶을 포기하지 않는 강동 사람의 끈질긴 기질이고, 다른 하나는 말 그대로 '큰 고래와 얽힌 사연이 있는 논'이라는 설화다.

고래논은 단순한 설화적 명칭만은 아니다. '고래실'이라는 방언에서 비롯된 이 지명은 바닥이 깊고 물길이 좋아 늘 물이 넘치는 진 논을 일컫는다. 골답, 수답, 진논, 구레논과 같은 맥락이다. 봇물이 가장 먼저 들어오는 논은 '고논'이라 부른다.

강동에는 이런 고래논이 더 있다. 신전 삼밭골, 구남의 고래들, 무룡동 주렴의 암수고래논 등은 모두 질퍽한 뻘구덩이 논이다. 소하천보다 논이 높아 물이 빠지지 않으니, 마치 늪 같다. 사람도 쟁기질하는 황소도 잘못 디뎌 발이 빠지면 쉽게 헤어나오기 힘든 곳. 이런 논을 고래논이라 불렀다.

이 지명은 창녕 고암면, 경기 가평, 전남 함평, 강원 홍천에도 '고래들', '고래논'이 있다. 이곳의 전설 또한 고래 뱃속에서 살아나온 어부가 상답을 얻었다 하니 일종의 행운담이다. 요나처럼 고래를 뚫고 나온 생존자의 서사. 이 또한 광포전설廣布傳說의 일종이다.

조선 문인들은 고래논을 더 풍성한 상상력의 터전으로 삼았다. 어떤 이는 고래실을 음양의 비유로까지 확장했다.

"잔솔밭 언덕 아래 굴죽같은 고래실을/ 밤마다 쟁기 메어 씨 던지고 물을 주니/ 두어라 자기 매득이니 타인병작 못하리라" (무명씨)

'고래'란 말은 단순한 동물 이름이 아니다. '크고 넓은 것', '둥글고 깊은 곳'을 의미한다. 《삼국유사》의 '粉骨鯨津'의 '鯨津' 즉 고래진은 뼈를 뿌린 바다, 곧 넓은 포구를 뜻한다. 고래못, 고래논, 고래등 기와, 구들방의 고래, 고래불(넓은 백사장), 고래샘, 고래아구리 등도 같은 어원에서 파생된 지명이다.

남목 호랑이, 단원의 〈맹호도〉 모델이 되다

　단원 김홍도는 조선의 화가 3원三園 중 한 명이자 풍속화의 대가, 도화원 화원이었다. 정조 어진을 3번 그린 조선 르네상스기 예인으로 일본의 천재 우키요에 화가 도슈사이 샤라쿠라는 가설까지 낳은 기인이다. 그가 울산에서 3개월 남짓 '울산 감목관'으로 일했다. 이때 대장간과 바다, 말 목장과 편자 박기를 마주하고 마골산에서 '울산의 범'을 만났다. 이 모든 것을 사생寫生하고 기억했다가 서울에서 그림을 완성했다. 유명한 〈송하맹호도松下猛虎圖〉이다. 그는 1776. 2. 9. 울산감목관에 임용돼 3월. 울산에 부임했다. 제수된 지 한 달 만이다. 처음엔 유배당한 것 같아 낙담하고 청천벽력으로 여겼다고 한다. 한양 천리에다 울산읍에서도 수십 리 떨어진 산속. 남옥리 관사에서 주변을 둘러보니 온통 산이다. 울분도 잠시, 곧바로 목장 순시에 나섰다. 세습 목자인 노비 화음禾音이 말을 몰고 수석 아전 이방이 브리핑을 맡았다. 점마청點馬廳을 지날 때 생경한 광경을 목격한다. 천민 둘이 말발굽에 편자를 박고 있었다. 한 명은 네 발을 모두 묶은 매듭을 긴 막대에 꿰어 힘을 주고 있고, 또 한 명은 능숙한 솜씨를 발휘했다. 편자는 어디서 만들며 편자 갈이는 언제 하는지를 화음에게 묻고 모든 장면을 눈에 꼭꼭 담았다. 그림 천재 단원 아닌가.

목장 안과 주변에 특수목적의 건물이 보인다. 봄가을 말의 번식과 무병을 기도하는 마단馬壇과 마신馬神에게 제를 올리는 당사堂祀이다. 절, 암자도 있다. 이튿날부터 단원은 화구를 챙겨 목장과 방어진 일대를 쏘다녔다. 그림을 그려 한양에 전하는 것이 자신의 임무라는 사명감에 그리기에 몰두했다. 얼마 후 마골산과 무룡산에 호랑이가 나타나 소를 잡아먹는 등 소동이 있다는 긴급 보고가 왔다. 말의 피해는 시간문제, 좌병영에 SOS를 쳐 착호갑사捉虎甲士와 심종군尋踪軍 30여 명을 지원받았다. 사냥팀은 산행장山行將이 인솔했다. 한 번도 보지 못한 호랑이라 이번 기회에 자세히 보겠다며 동행했다. 몰이꾼들이 고함치며 수풀을 헤쳐 선도 후 마골산 중턱에서 집채만 한 '호랑이'를 마주했다. 산행장이 단원을 큰 나무 위로 올려 피신시켰다. 호랑이 눈은 섬광 같은 불빛을 내뿜고 으르렁거리는 소리는 산천을 뒤흔들 정도로 위협적이었다. 긴장 속에 갑사 대장이 방아쇠를 당겼다. 원샷 원킬. 창군들이 긴 창으로 급소를 찌르자 호랑이는 곧 미동조차 없어진다. 일행이 환호했다. 해마다 호랑이와 표범 가죽 석 장씩 진상하던 때이니 곧 울산

읍의 경사이고 착호갑사 등은 두둑한 포상이 예약된 상태였다.

관아로 온 단원은 사냥팀을 치하하고 호랑이를 마당에 내려놓게 한 뒤 종이와 붓을 꺼내 그림을 그렸다. 얼굴과 몸통, 꼬리의 터럭 하나라도 놓치지 않으려는 듯한 집요하고 진중한 붓놀림이었다. 그 후에도 남목마성과 방어진, 일산과 홍상도, 어풍대 등 현장 체험과 산 공부를 쌓아갔다. 편자 박는 장면이나 대장간 그림도 이때의 체험을 기억해 그림으로 되살린 것이고 '세계 최고의 호랑이 그림'이라는 〈松下猛虎圖〉(1782년) 역시 남목 호랑이를 모델로 재현한 것이다. 그림 속 호랑이는 정면을 뚫어져라 응시한 채 꼬리를 바짝 추켜올리고 등을 한껏 굽혀 위력을 과시하면서 먹이를 노리고 있다. 앞발은 온 힘을 모아 땅을 박차는 기세로 금방이라도 치달릴 것 같다. 눈썹과 수염이 팽팽하면서 송곳같이 뾰족하고 백설처럼 하얗다. 김홍도가 마골산에서 자세히 관찰한 울산 호랑이다. 몸의 털이 한올 한올, 마치 헤아린 듯 묘사되어 치밀하고 빈틈이 없으니 猛虎出林之勢란 이런 것이다.

그는 통도사에도 들렀다. 무풍 한송길 바위에 '金弘道'란 각자가 남아 있다. 울산을 떠난 단원은 안동 안기찰방과 연풍 현감을 지내며 조선의 르네상스기 풍속화의 대가로 자리했다.

울산 설화에 남은 기독교 전래 흔적

　울산의 역사에는 동서 문명이 교류하며 빚어낸 개방과 수용의 흔적이 여실히 남아 있다. 고대로부터 울산은 외래 문명과 문화를 배척하기보다는 이를 포용하고 흡수해 상호 영향을 받아 자신의 것으로 재탄생시켜 왔다.

　울산은 외래 문명의 수용에서 특히 빛을 발했다. 아라비아 상인 처용이나 아육왕이 보낸 서축의 배에 타고 있던 사람들은 물론 서생포 전투에서 공을 세운 명나라 장수 편갈송, 울산성 전투에 참여했다가 귀화한 사가야(김충선), 그리고 1609년도 울산부호적대장에 기록된 귀화야인(野人·여진족인 向化人) 40여 명 등을 포용했다. 삼포개항 이후 염포왜관에 머문 일본인과 승려들 역시 다도 등 문화를 흡수하며 동화되거나 자국에 전파했을 것이다. 울산이 단순한 교역의 거점이 아닌, 동서 문명이 만나는 융합의 장이었음을 증명하는 사례들이다.

실크로드를 통한 동서 문명 교류사 가운데 신라에 기독교가 전해졌을 것으로 보이는 유물이 있다. 1965년 불국사 경내에서 출토된 돌십자가와 경주에서 발굴된 2점의 철제 십자문 장식, 성모상이다. 모두 7~8세기 통일신라 시대 유물로 경교가 중국에 처음 전해진 635년보다 100여 년 후에 신라에 기독교(경교)가 전해졌다는 증거라 해석한다. 우리나라 기독교 역사는 200여 년 전, 가톨릭 유입으로 보지만 경교의 신라 전래가 맞는다면 우리의 기독교 전래사는 수백 년 앞당겨야 할 것이다. 경교景敎가 중국에 전해진 것은 성당 시기 635년 당 태종 때였다. 신라가 삼국 통일을 위해 대당 외교를 공고히 하던 시기여서 김춘추가 여러 번 당을 왕래했으니 경교를 알았을 것이다. 또 많은 유학승이 귀국할 때 선진 문물이나 신학문, 사상들을 들여왔는데 당연히 경교를 접했고 이를 고국에 전했을 것이다. 이에 대한 검증은 아직도 학계에서 논란 중이라 단정하기는 어렵지만 추정이나 가능성은 충분하다.

울산과 지척인 경주가 경교의 영향을 받았다면, 울산 또한 그 흔적에서 벗어나지 않았을 터. 비록 유물 확인은 되지 않았지만, 울산의 전설과 설화 곳곳에 기독교 사상과의 연관성이 보인다. 울산의 전설과 설화 중에는 기독교의 핵심 이야기들과 놀라울 만큼 유사한 경우가 더러 있다. 수용에 의한 모방인지 문명의 속성인 보편성 때문인지 모르지만, 내용은 물론 착상과 소재까지 거의 일치하는 때도 있다.

홍수로 무룡산이나 영축산 꼭대기만 남았다는 설화는 노아의 방주가 연상되고, '망부석'은 소금 기둥이 된 롯의 아내와 많이 겹친다. 삼동면 아기 장수 전설은 다윗과 골리앗, 삼손과 데릴라 이야기와 내용이 유사하고, 고래논 설화는 요나의 고래 뱃속 수난을 떠오르게 한다. 헛고개에서 탄식한 경순왕은 솔로몬이 기원전 931년에 죽기 전에 남긴 말을 알고 있었을까. 장자못池 전설은 이삭의 '장자의 축복'과 유사하고 성안의 숯 못이나 동뫼산의 주인공 마고 할미는 해와 달을 창조했다. 소목골 전설은 소돔과 고모라 그리고 유다와 며느리 다말의 기사를 뒤집은 것으로 읽힌다.

단순한 우연일까, 동서 문명이 교차하며 빚어낸 문화적 보편성일까? 명확한 답을 내리기 어렵지만, 기독교적 세계관과 울산의 토착 문화가 교차한 흔적으로 볼 수도 있다.

설화 속 '기독교 흔적'을 동서 문명 교류사로 입증한다면 울산 역사는 한층 더 넓고 풍부해질 것이다. 울산의 설화와 기독교적 요소의 융합, 문화의 다양성과 상호작용의 중요성을 일깨워 준다는 점에서 결코 외면하거나 소홀해서는 안 되는 분야이다.

선정비, 돌에 새긴 백성의 마음

 울산 동헌 및 내아 뒷마당에 각종 빗돌이 줄지어 있다. 울산의 '비림'이다. 모두 33기인데 선정비가 가장 많다. 1997년 울산문화원연합회가 조사한 울산의 금석문은 중구(65기)와 울주군(120기)을 비롯해 모두 211기였다. 선정비는 좋은 정치를 한 수령에게 백성이 주는 마음의 선물이자 영원히 잊지 않겠다는 다짐의 상징물이었다. 현대의 전별금이나 재직 기념패라고 할 수 있는데 모두 선정을 칭송해 백성들이 자발적으로 세운 것일까. 의문이다.

 울산의 선정비 중에 조재선 부사(1713~1774)의 선정비는 특히 흥미롭다. 그는 1764년 6월에 부임해 중임으로 6년의 임기를 마친 최초의 울산 부사였다. 그가 떠날 때 백성들이 자발적으로 선정비를 세웠다는데 북구 달골마을 비석거리와 학성공원 북쪽 산록, 울주군 웅촌면 고연리 반계마을 뒷산(운흥사지 입구) 그리고 밀양시 내일동 영남루 경내 등에서 확인된다. 얼마나 좋은 정치를 했길래 한 사람의 선정비가 4개나 남았을까? 대부분 온전히 보존돼 있고 기록과 대조해도 울산이 생긴 이래 최고 부사였다는 평가가 그르지 않은 것 같다.

울산부 치적부治積簿에 "조 부사가 수천 냥의 돈을 마련하여 백성들의 노역을 보완토록 했다. 그가 떠날 때 고을의 각 청과 상중하 백성들이 앞다퉈 전별례를 올리느라 경주와 영천의 경계에 이르러서야 그치게 됐다."라고 돼 있다.

《울산부선생안》에는 "수레에서 내리자 먼저 민폐를 살폈다. 자신의 월름(月廩, 월급으로 주는 곡식)을 덜어내고, 타고 다니는 말을 팔아 4,000금을 마련한 뒤, 3,036냥을 각 방坊에 분급하고 영구히 백성의 물자로 만들어…. 이자 수익금으로 백성들의 잡역비(烟役錢, 가혹한 세금)와 수령 교체 시 교통비를 충당하게 해 부담을 덜게 했다. 또 각 사찰과 역驛에도 분급하여 역役을 돕게 했고, 관노 사령청·인리청·평무청·향교 등에도 분급하여 도왔다. 읍을 설치한 이래 수령이 백성의 역을 덜어주고 세금을 대신한 것은 처음이다."라고 했다.

조재선은 조선 후기 문신이다. 26세(1738년)에 '무오 식년시 생원 3등 37위(전체 67/100)'로 합격했다. 출발은 그리 특출한 영재나 七步之才 정도는 아니었던 것 같다. 황해도 신계현령 때 파직되고 울산 부임 이듬해 제방 보수 미진으로 의금부에 투옥되는 등 몇 차례 위기도 있었다. 어쨌든 그의 선정비는 말 그대로 '영세불망비'이다. "지극히 청렴하고 덕이 많은 지도자로 은혜를 베푼 분이라 영원히 잊지 않겠다."라는 13자의 비문은 기록과 거의 다름이 없다.

　선정비는 전국에 얼마나 있는지 공식 집계가 없고, 대부분 문화재로 인정받지 못하고 있다. 조선 후기로 가면서 학정과 가혹한 세금을 거둬 자기 배 불린 수령도 주민들의 돈을 거둬 스스로 비를 세우는 일이 많았다. 분노한 주민들이 이를 그대로 뒀겠는가. 반토막 난 것이 전국에 수두룩하다. 숙종 영조 정조 때는 뽑아버리거나 엄금했다. 그러다 민란의 시대, 19세기 삼정 문란과 함께 다시 늘어났다. 오죽했으면 박문수 어사가 "부지기수인 선정비들을 마땅히 강에 던져버려야 한다."라고 했겠는가. 물론 단순한 기념물 이상의 의미를 지닌 선정비도 많다. 비마다 건립 배경과 사연을 밝혀 과거를 이해하고, 현재와 미래에 대한 교훈을 얻을 수도 있다.

비밀의 문을 연 울산 사람들

2009년 9월 2일. 경주 동부동 주택 수돗가에서 신라 문무왕릉비의 상단부가 발견됐다. 조선 시대에 발견됐다가 사라진 지 200여 년 만에 문무왕릉비가 완전체를 이뤘다. 여성 수도 검침원의 제보가 결정적이었다. 매장 문화재나 비석류는 우연히 발견돼 가치가 입증되는 경우가 많다. 제보자들의 남다른 눈썰미 덕분이다. 이런 문화재는 오랜 세월 암흑 속에 묻혀 잠자고 있다가 현재, 우리에게 나타나 역사의 공백을 메워주기도 한다.

울산에도 '역사의 비밀의 문을 연 사람들'이 있다. 흔히 크리스마스의 기적 또는 선물이라는 천전리 명문과 암각화(1970.12.24.), 반구대암각화(1971.12.25.)는 집청정 최경환 씨와 그의 딸 영수 씨가 없었다면 아직도 세상에 알려지지 않았을지 모른다. 태화사지 12지상 승탑이나 웅촌 하대 유적과 청동솥, 장천사지 녹문鹿門 석각, 영축사지와 방바우 마애불도 현지 주민의 제보로 문화유산이 되었다.

울주군 웅촌면 대대리 산155. 1991년 부산대 박물관이 발굴하기 전까지 김석암 이장은 매일 날밤을 새우며 도굴을 감시했다. 하대 고분군은 대대리 중대마을에서 저리에 이르는 전 지역이 고분 유적이라 할 정도로 대규모로 형성돼 있다. 서쪽 산 너머에 청동기시대의 환호유적으로 유명한 검단리 유적이 있다. 울산에 존재했던 우시산국于尸山國의 위치로 비정한다. 놀랍게도 당시 소읍국 통치자의 소유품으로 알려진 세발청동솥이 발굴됐다. 사학과 4학년생의 도굴 현장 제보로 발굴을 시작했다고 한다.

김 이장은 자기 집을 발굴 캠프로 제공하는 등 발굴단을 매일 수발들며 도왔다. 10년 넘게 지켜 온 고분군이라 발굴에 남다른 애착을 쏟으며 대박을 기다렸다. 1991년 12월 21일. 별 성과가 없어 철수를 준비하며 짐을 챙기는 발굴팀을 보던 김 이장이 서운한 맘으로 서성이던 저녁 무렵, 한 사람이 현장에서 뛰어와 "빨리 현장에 가보자. 전부 만세를 부르고 있다."라며 동행을 재촉했다. 23호 덧널무덤에서 세발청동솥이 나온 순간이었다.

1933년 북구 강동동 황토전에 살던 노파 김불불은 어느 날 꿈에서 부처를 만났다. 부처는 "내가 지금 비바람을 맞고 있으니 덮어다오. 나는 동쪽 십 리에 있느니라."는 부탁을 했다. 깨어난 그는 집을 나서 금천 쪽으로 내려가 부체봉 방바우에 갔다. 소먹이고 나무하던 장소라

낮익은 곳이었는데 자세히 보니 기와, 토기 조각이 흩어져 있어 예사롭지 않게 여겼다. 주변을 더 둘러보니 돌담 흔적과 칡넝쿨을 뒤집어쓴 큰 바위가 보였다. 들춰보니 마애삼존불이 웃으며 김불불을 반겼다. 울산 최초, 유일의 마애불은 그렇게 우리에게 왔다.

《삼국유사》에 기록된 영축사지는 2012년 첫 발굴을 했다. 그동안 20여 년 안영축 마을에 살던 김미량 할머니가 돌보고 있었다. 당국에 발굴을 건의하기도 했던 미량 할머니는 홀로 매일 아침 돌을 닦고 청소하며 부처님 돌보기에 지극정성이었다. 야밤에 도굴꾼들을 쫓아내고 반출된 석편이나 부재를 되사온 적도 몇 번 있었다. 중구 태화동에 살던 일명 '반탕골 할매'도 꿈에 부처님을 만나 "한데서 비바람 맞고 있으니 빨리 나를 옮겨라."는 하소연을 듣고는 울산시에 제보했다. 태화사지 12지신상 승탑은 할머니 현몽에서 시작돼 보물이 되었다. 대곡박물관에 있는 '鹿門' 석각은 장천마을 이양우의 관심과 끈기로 빛을 발한 경우이다. 鹿門, 挑花洞門, 洗心亭 등 석각의 존재를 익히 알고 있던 그는 대곡댐 건설 직전에 방리 일대 산길 물길을 뒤져 녹문 하나만 건졌다. 둘은 수몰됐다.

문화유산은 연구자와 전문가, 현지인이 함께 보완해야 발굴과 연구, 보존에 빛을 발한다. 그런 면에서 현지인과 전문가는 문화유산에 관한 한 不二이고 不異이다.

남동초 북연민

1970~80년대 한국학이나 문사철文史哲 학생들은 《경사자집經史子集》을 손에서 놓지 않았다. 우리 기록의 90% 이상이 한문이고 국역이 드문 척박한 환경이라 스스로 터득하지 않으면 안 되었기 때문이다. 그래도 부족해 서당이나 향교, 한문 교실에서 사숙이나 사사했다. 고전 번역은 과거와 현대를 이어주는 다리 역할을 한다. 원문의 의미를 훼손하지 않으면서 새 의미를 창조하는 언어예술이자 스토리텔링의 원천이고 K 콘텐츠의 보고이다.

南東樵 北淵民! 안동의 연민 이가원과 울산 대곡리 반구마을의 동초 이진영이다. 둘은 한국학 천재이자 최고 전문가, 대가였다. 낙동강 위에 연민이고 낙남엔 동초가 있어 쌍벽을 이뤘다.

1970년대 이후 한국학의 기초를 다지며 한문학, 중문학, 동양철학,

역경, 사료 번역의 거봉이었다. 위편삼절韋編三絶과 과골삼천踝骨三穿을 밥 먹듯이 한 것은 천재의 게으름을 스스로 경계하기 위함이었고 수많은 고전을 알기 쉽게 풀이해 후진을 양성해 고전 연구와 확장에 큰 밑거름이 되었다.

동초의 유고집《汲古室 遺稿(1995)》은 사후 2년 만에 제자들이 출간했는데 동문수학한 연민의 서문과 동초의 한시 수십 편이 실렸다. 무룡산에 거처하던 일화와 1982년 태화강 뱃놀이, 경주 감상과 탄허 스님 추모 시 등이 주목된다. 급고汲古는 옛 서적이나 물건을 연구 또는 수장하는 것을 뜻한다.

동초는 75년 생애 동안 수많은 한시와 각종 서문, 발문과 제문은 물론 문장이나 고전 해설, 묘갈명을 남겼다. 그리고 한시술요漢詩述要는 한시의 기초부터 전문가 수준에 이르도록 정리돼 있다.《성호사설》《해행총서》《동국이상국집》등을 국역했고《중종실록》《퇴계집》등을 교열했으며《급고실유고》라는 문집을 남겼다.

20세기 최고의 한문학자인 동초의 본관은 청안이다. 선무원종공신 이응춘의 후손 구린龜隣 이용필의 손자로 대곡리 반구마을에서 태어났다. 민족 수난기를 거치면서도 시세에 아첨을 못 했고 오직 학문연구와 후진 양성에 일생을 보냈다. 7세에 경서를 마치고 16세에 처가인 밀양의 허채 선생 문하에서 수학했다. 10대에 사서삼경과 제자백가를 통독하고 약관에 일가를 이룰 정도로 신동이었다. 20세에 명륜전문학원 연구과 3년 과정을 수료하고 조선총독부 도서관과 미 군정청 주사로 근무했다. 울산 공립농업학교를 시작으로 울산여중 교감으로 재직 중 동국역경원 역경사로 발탁, 성균관대학과 민족문화추진회에서 강의했다. 한문 고전 국역과 많은 제자를 길렀고 외솔, 일석 등 석학들과 함께했던 민족문화추진회는 오늘날 고전국역사업과 한문 교육의 중심이 되었다. 이 과정에 동초 선생이 깊이 관여해 고전 연구의 주춧돌을 놓았다. 해박한 지식과 덕성으로 경학의 심오한 뜻을 유창하게 강론하기로 유명했는데 언제나 소박한 미소를 잃지 않았다. 한 번도 알은척 자득하는 모습을 보이지 않았고 질박한 재담 속에 늘 소박한 가르침을 가득 전했다. 사람 대하기를 지위나 명성에 따라 층하를 두는 일을 본 적이 없다고 제자들은 추억한다. '술(杯中物)'을 너무 좋아해 잔 잡으면 웃음이 나고 시를 보면 신명났다. 구들목보다는 풍지바람을 더 쐬고 경전을 가르치는 한편 팔만대장경 한글화 작업을 하며 풍경 소리 들으며 지새는 밤도 많았다.

1993년 9월 75세로 영면해 반구대암각화 건너편 동산에 누운 동초 선생. 최근 모은정 뒤편으로 이장했다. 모은정은 그의 조부 구린이 지었다. 사서각賜書閣과 함께 동초의 학문이 싹텄던 곳이다.

축구영웅 최성곤, 국대 1호 골의 주인공

 지난 2012년 여름은 뜨거웠다. 홍명보 감독의 축구대표팀이 런던 올림픽에서 사상 첫 동메달을 수확했고 1948년 14회 런던 올림픽에서 국대國代 1호 골을 기록한 최성곤 선수를 기리는 울산박물관의 특별전이 성황을 이뤘다.
 'Honoring the 1948 Olympics. -별은 사라져도 그 빛은 영원하다.' 라는 주제로 최초의 올림픽 복권과 기념 우표 그리고 전쵸 일본 대회 우승 기념사진, 울산과 인연 깊은 간송 전형필과 함께 찍은 사진, 보성전문학교 학적부와 올림픽 대표선수 명부, 이력서 등을 최초로 공개했다.
 '최성곤 그는 누구인가?' '1948 제14회 런던 올림픽' '설움의 역사를 씻어낸 눈물의 첫 골!' '최성곤을 기억하며-별은 져도 그 빛은 영원하리' 등 총 4부로 나눠 진행된 전시에 3만 1,732명이 다녀갔다.

역사는 반복된다더니 2012년 런던 올림픽 축구 첫 상대는 멕시코. 64년 만에 같은 대회 같은 장소에서 같은 나라를 만났다. 정부 수립 전인 1948년 7월 29일 대표팀은 첫 국제대회 첫 올림픽 경기에서 멕시코를 5대 3으로 이겼다. 최성곤은 경기 시작 13분 만에 한국 축구 사상 국제대회 1호 골을 넣었다. 월드컵이나 올림픽에서 우리 축구가 한 경기에 5골 이상 넣은 것은 이때가 처음이자 마지막이다. 한국 축구 영광의 역사는 1948년, 런던, 그리고 울산 청년이 막을 열었다.

최성곤(1922~1951)은 일제강점기 암울했던 시절, 식민지 국민의 꿈과 기개를 축구로 펼쳤다. 29세로 요절했고 이후 잊힌 인물이 되었다. 1922년 5월 6일 중구 북정동 25-1번지에서 아버지 최신출과 어머니 박수득의 4남 1녀 중 장남으로 태어나 울산 공립보통학교와 보성 중학을 졸업했다. 보성중 2학년 때 주전으로 전국에 명성을 떨치기 시작했다. 일본원정은 물론 방학 때는 울산 대표로 부산, 경주, 대구, 포항 등지로 원정 다녔다. 그가 뛰는 판판이 울산이 우승했다. 1940년 22회 全 일본 중등 축구선수권 대회에 조선 대표 주장으로 참가, 고베 3중을 4-0으로 꺾고 우승했다. 결승전 결승 골의 주인공은 최성곤이었다. 수십m를 단독 드리블해 득점하는 모습은 지금의 손흥민을 연상케 할 정도였다.

"장백산의 성난 범도 겁나지 않고/ 동해 바다 뛰는 용도 무섭지 않다. 대동 반도의 역장사!/ 우리 울산 축구 선수 너 몰랐더냐?"

― (김태근 작사, 최성곤 개인 응원가)

요즘 프로축구나 야구장에서 들을 수 있는 '개인 응원가'처럼 미드필더 최성곤을 위한 헌정가였다. 그는 잘생긴 외모와 개인 응원가, 드리블 실력을 갖춰 다수의 여성 팬을 몰고 다닌 한국 축구 최초의 '아시아 스타'였다. 최성곤을 앞세운 당시 보성 중학은 막강했다. 1938년엔 30여 회 경기에서 전승을 기록했고 전 일본 학생체육대회 제패로 모교 운동장이 천연 잔디 구장으로 바뀌었다. 이후 베트남 마카오 홍콩 등 원정경기를 하러 가는 곳마다 현지팬들이 '그라운드의 표범' '조선의 최' '아시아의 별' '아시아의 준족'이라고 불렀다. 은퇴 후 잠시 고등학교 축구 지도자로 지냈다. 그리고 1951년 12월 31일 아버지의 전답을 판 현금을 보따리에 싸 방어진에서 부산행 배를 탔다. 이것이 가족이 본 최성곤의 마지막 모습이었다.

2011년 7월 송골 야산의 풀밭에 방치된 '쓰러진 영모비'를 찾아 다시 세웠다. 이를 기념해 2012년 11월 울산축구협회가 '최성곤 배 전국 유소년 클럽 축구대회'를 열었다. 전국 15세 이하와 18세 이하 110개 클럽팀이 참가했다. 최성곤을 기리는 최초이자 마지막 전국대회였다.

울산 현대사의 빛과 그림자
―이관술과 노덕술

울산이 낳은 두 사내가 있었다. 둘의 이름은 현대사의 빛과 그림자이다. 한 사람은 조국의 독립을 위해 갖은 핍박 속에서 목숨을 걸고 싸우다 끝내 희생되었고, 다른 사람은 평생 어둠과 악의 편에서 조국을 배신하고 짓밟았다. 유방백세와 유취만년의 대명사인 두 사람은 이관술과 노덕술이다. 울산이 고향인 둘의 발자취는 극과 극으로 갈라져, 서로의 운명을 뒤틀었다.

학암 이관술, 1902년 울산 범서 입암리에서 태어나 일본 동경고등사범학교를 마치고 동덕여고보에서 교편을 잡았다. 그는 조용한 교사로만 있지 않았다. 조국의 미래를 걱정하며 독립운동과 사회주의 운동에 뛰어들었고, 이재유와 함께 '경성 콤그룹'을 이끌며 일제의 심장을 향해 저항의 불꽃을 지폈다. 15년 넘게 이름을 숨기고 농부나 엿장수로 변장해 지하조직 활동을 이어가다 1941년 체포됐다. 그를 심문한 이는 장생포 출신의 노덕술이었다. 노덕술의 고문은 악명 높았다. 하지만 이관술은 굴복하지 않았다. 단식으로 버티고, 조직을 지켜냈고, 동지들은 살았다. 그는 끝까지 '말하지 않은 자'로 남았다. 해방이 찾아온 후에도 그는 권력을 탐하지 않았다. 남북이 갈라지는 비극 앞에서 조국의 통일과 평화를 외쳤다.

시대는 그를 가만두지 않았다. 조선인민공화국 중앙인민위원과 선전부장, 민주주의 민족전선 중앙위원 등을 지내다 1946년 정판사 위조지폐 사건으로 대전형무소에 투옥, 1950년 총살당했다. 이관술은 월북을 거부하고 대한민국 국민으로 죽었다. 북한 정권 수립에 어떠한 기여도 하지 않았으며, 대한민국 정부를 부정하거나 국가보안법을 어긴 사실도 없었다. 광복 후 정치 활동은 8개월여. 언양 반곡초등학교를 지을 때 포양 권 선생과 함께 많은 땅을 기부했다. 그가 남긴 것은 권력이나 재산이 아닌 신념과 침묵, 애국애족과 부서지지 않은 의지였다.

천하의 악질 일제 순사 노덕술은 1899년 장생포 생이다. 소년 시절부터 일경 밑에서 견습으로 일했고, 일제강점기 내내 고문 기술자로 악명을 떨쳤다. 그의 손에 죽고 다친 독립운동가들은 헤아릴 수가 없다. 해방 이후, 반민특위가 체포했지만 오래가지 못했다. 이승만 정권이 반민특위를 해산하고 그를 석방했기 때문이다. 육군 헌병 대장으로 복귀, 약산 김원봉을 폭행하고 좌익 혐의자 색출과 고문에 앞섰다. 해방 후에도 여전히 과거의 악행을 버리지 못했다. 하지만 역사는 그에게 오래 웃게 하지 않았다. 4·19 혁명 후, 국회의원 선거에 나서 울산 시민들의 분노에 휩쓸려 꼴찌로 낙선했다. 말년엔 철저히 고립됐고, 1968년 쓸쓸히 세상을 떠났다. 죽은 뒤에도 그 이름은 악행의 대명사로 남았다. 마쓰우라 히로(松浦 鴻)로 창씨 개명하고 고문귀 하판락, 고문왕 김태석 등과 함께 독립운동가들을 잔인하게 고문한 친일 경찰 3인방으로 친일인명사전에 반민족행위자로 수록되었다. 친일반민족행위자 중에서 이완용, 송병준과 함께 가장 인지도가 높고, 단연 최악으로 손꼽히는 인간말종이란 악평이 아직 따라 다닌다.

　울산의 아들 이관술과 노덕술. 서로를 알아보았을까. 지하실 고문실에서, 피와 침묵이 교차한 그 날. 노덕술은 채찍을 들었고, 이관술은 이를 악물고 견디어야만 했을 터. 한 사람은 고문 기술자였고 다른 이는 독립운동가였다. 우리는 누구를 기억해야 할까. 누구의 생애에 경의를 표해야 할까. 이관술은 한때 지워졌던 이름이었다가 이제 빛으로 돌아왔다. 국가는 그가 부당하게 처형당했음을 인정했고, 시민사회는 그를 추모하기 시작했다.

　노덕술도 절대 잊히지 않았다. 그 이름은 교훈으로, 반면교사로 남았다. 일제와 부당한 권력에 복무한 자의 말로를 기억한다. 정의가 패배하는 시대는 끝났다. 현재를 살아가는 사람들의 사상 형성에 역사가 상당한 영향을 미친다. 역사의 교훈은 결코 가볍지 않다.

울산의 노동요 '모심기 노래'

　일할 때 함께 부르는 노래를 일노래(노동요)라고 한다. 농사를 지을 때 부르는 농요가 대표적이다. 모심기 노래는 지방마다 조금씩 다르지만, 첫 소절은 어디서나 울산의 베리끝 설화로 시작한다.
　'베리끝'을 지날 때면 언제나 '누이의 원망가'가 들리는 것 같다. 오라비를 원망하며 불렀다는 누이의 슬픈 노래다. 베리끝은 중구 다운동에서 범서 구영으로 가는 태화강 변에 있는 '낭떠러지 길'이다. 벼랑은 울산말로 벼락, 베락, 베루, 베리라고 한다.
　먼 옛날, 장맛비가 그치지 않던 어느 날, 다운동에 살던 젊은 농부가 물난리를 피해 부인과 누이동생을 데리고 베리끝을 지나고 있었다. 뇌성벽력과 함께 폭우가 계속 쏟아지니 강물은 낭창낭창, 둑길을 덮칠 판이었다. 뒤따르던 누이와 부인이 그만 발을 헛디뎌 베리끝으로 떨어졌는데 비명에 놀란 농부가 엉겁결에 옷자락을 잡아채 건져낸 이는 아내였다. 다시 손을 뻗어 누이를 잡으려 했으나 이미 저 멀리 강물 속으로 떠내려갔다. 누이는 오빠를 원망하는 소리를 토했는데 입에서 입으로 전해져 모내기 노래 첫 소절이 되었다. 지방에 따라 약간의 개사를 하기도 하지만 근원 설화는 같다.

낭창낭창 베리끝에/ 무정하다 울 오라바(오래비야)/ 난도(나도) 죽어 환생하면/ 낭군부터 정할레라.

모내기는 참으로 고단한 일이다. 해 뜨기 전에 남정네들이 먼저 못자리에 나가서 촘촘하게 뿌리 내린 모를 손으로 쪄 못단을 만들어 지게에 지고 무논에 듬성듬성 던져 놓으면 아이들이 모침(모춤)을 골라 심기 좋게 바룬다. 그러고 나면 여인들이 한 줄로 '나래비'를 서 못줄의 눈금에 맞춰 손모를 냈다. 얼마나 힘들었으면 무논에 허리 숙여 모를 심으면서 노래로 심신을 달랬을까. 모심기 노래는 풍자와 비유가 많은 가사에 가락은 구성지다. 노동의 피로를 덜기 위해 불렀지만 듣는 이의 심금을 울린다. 선소리를 따라 교창交唱하다 보면 고단한 몸이 좀 풀린다. 못줄을 넘길 때마다 허리를 펴지만 논 주인의 딸이 못밥을 이고 올 때까지 중노동은 계속된다. 논둑에서 너덧 번 못밥을 먹고 해가 지고 달이 뜰 때쯤에야 겨우 일을 마친다. 하루 이틀 지나면 주인은 다시 논을 살핀다. 어느 자리에서 모가 뜨는지 잘 박혀 사름을 하고 있는지 확인한다. 뜬 모를 찾아 손으로 일일이 보식하는 일은 오롯이 주인 몫이다. 품앗이 차례가 늦어지다 보면 논에 물이 적어서 흙이 마르거나 부드럽지 못할 때가 있다. 그럴 때나 가뭄이 심할 때는 호미 모를 내기도 한다.

   노동은 늘 고달프다. 피할 수만 있다면 피하고 싶은데 노래가 없으면 얼마나 힘들겠는가. 그래서 두레와 품앗이 등 공동체 농경 문화가 있던 시기엔 어김없이 농요를 불렀다. 모든 농사가 기계로 대체된 지금 누구나 스마트폰으로 혼자 노래를 듣는다. 공동체란 단어가 어색한 만큼 오뉴월이면 울산의 모심기 노래가 그리워진다. 낭창낭창 베리 끝에~ 호호이이요~.

오월이라 단옷날에(마두희)

연인이나 부부, 또는 경쟁 관계에 있는 두 사람이나 기관 사이에 벌어지는 미묘한 심리 싸움을 밀당이라 한다. 밀고 당기는 줄다리기에 비유한 말이다. 줄다리기(줄당기기)처럼 잡아끌고 밀고 당기는 행위는 인류의 본능이다.

줄다리기는 누구나 쉽게 즐길 수 있는 레포츠나 민속행사로 알지만 1900년 파리 올림픽부터 1920년 앤트워프 올림픽까지 정식종목이었다. 판정의 어려움으로 없어졌지만 AI 심판에 비디오 판독을 갖추면 올림픽 종목으로 부활할지도 모른다. 세계 줄다리기 선수권대회도 성황리에 개최된 적이 있었다. 그만큼 줄다리기는 우리가 아는 이상으로 유서 깊고 격조 있는 대중 스포츠였다.

울산의 큰 줄 당기기는 특별히 '마두희馬頭戲'라고 한다. 320여 년째 울산에 전승되고 있는 대표 민속축제이자 세시 행사이다. 울산의 첫 읍지인 《학성지(1749)》에 "5월 5일 단오에 각저희角觝戲라는 씨름과 5월 15일(음력)에 마두희라는 줄다리기 행사를 했다. 주민들이 동서로 편을 갈라 줄다리기하면서 농사 점을 치는데, 동군이 이기면 흉년이 들고 서군이 이기면 풍년이 든다고 믿었다. '마두'란 이름은 동대산(무룡산) 줄기가 바다에 이르는 형태로 말머리 같고 마치 서쪽을 돌아보지 않고 내달리는 형세라 읍민들이 이를 싫어해 새끼로 끌어 서쪽을 바라보게 하는 시늉하며 즐긴 데서 유래했다."라는 기록이 있다.

여지도서 등 각종 울산읍지에도 같은 내용이 반복된다. 다만 읍지마다 시기를 정월 대보름이나 단오로 다르게 나온다. 1920년대~30년대의 근대신문은 '울산의 대색전大索戰' '색전' '줄당기기' 등의 제목으로 보도했다. 기사는 울산읍과 병영, 언양을 중심으로 수천, 수만이 모였다거나 과열된 경쟁과 1박 2일의 격전을 스케치하고 판정 불복으로 인한 폭력과 일제의 집회 금지 명령으로 무산되었다는 내용이 주를 이룬다.

울산부사 권상일은 〈청대일기〉에 1736년 단옷날 마두희를 본 기록을 남겼다. "각 면에서 짚과 칡넝쿨을 거두어 합쳐 줄을 만들고 승부를 겨룬 뒤 태화강 나룻배 닻줄로 사용하게 한다."

한국전쟁으로 중단된 마두희가 1974년 공업축제와 1985년 고울 줄로 재현되었다. 그 뒤 '처용 문화제'와 '울산민속예술제'에서 다시 맥을 잇다가 2012년부터 중구가 본격적인 복원, 계승에 뛰어들어 오늘까지어 드나드는 배를 따라 언제나 주민들이 갈매기와 벗삼아 살던 강변마을, 그래서 반구동伴鷗洞이다. 17세기에 울산지방 최초의 사립 교육기관인 구강서원도 원래 이 마을에 있었다. 제주도 해녀들이 울산에 와 집단으로 정착한 곳이 이곳이었다.

《조선왕조실록》등에는 제주 해녀를 포함한 제주인을 '두모악(頭毛岳, 豆毛岳, 頭毛惡)'이라 했다. 본래 한라산의 옛 이름이다. 18세기 울산읍지는 내황마을(반구동)이 이들의 집단 거주지였다고 전한다.

해녀는 세계 최초의 전문직 여성이다. 지금도 여성 단독 어업인이자 프리 다이버로 인정받는다. 우리나라 해녀는 제주도에서 전국으로 퍼져나갔다. 한때 출륙 금지령도 있었지만, 1941년 근대 성어기에는 1천 700여 명의 제주 해녀가 울산(경남) 어촌에 계약한 적도 있다.

고려 왕건은 울산의 박윤웅에게 북구 강동(판지)의 미역바위를 하사했다. "울산에 곽소藿所가 있었다."라는 《세종실록지리지》 기록을 보아 이때 미역 따는 전문 해녀가 있었다고 상상할 수 있다. 《선조실록》에는 '두모악'이 여럿 등장한다. 그중에 울산의 서생포 왜성에서 탈출한 두모악을 잡아 처벌한 기록이 있다. "청정이 서생포에 있을 때 적에게 붙은 해척海尺 하감동河甘同이란 자가 우리나라 판옥선의 제도로 배 한 척을 만들어 주어 사용하게 하였다고 하였다."라는 내용이다.

두모악은 언제부터 울산에 정착했을까. 하감동 사례를 보면 16세기 후반 또는 그 이후 17~8세기쯤으로 보인다. 17세기 후반 울산 호적대장은 구체적인 호수를 제시하는데 "부내면府內面에 두모악 190여

호戶가 집단 거주한다."고 했고 《학성지(1749)》에는 더 구체적으로 나온다. "전복을 따 왕실에 진상하기 위해 제주 해민海民 약간 호를 울산에 옮겨 왔다. 그 자손들이 성황당에 살면서 전복 채취를 생업으로 삼고… 성품이 강직하고 남을 속이는 일이 없었지만, 붉은색의 머리카락이 싫어 그들을 두모오라 불렀다." 17~18세기 반구동 내황마을에 특수신분층으로 집단 거주했다는 말이다.

제주 해녀 울산 상륙은 일제강점기 근대신문에 '바다의 勇士' '보재기군'으로 등장한다. 보재기 또는 보자기는 원래 조선시대 남자 잠수부를 부르던 말이었는데 포작인鮑作人, 포작간鮑作干, 포작한鮑作漢, 복작간鰒作干 등이라 하다가 한자로 바뀌면서 해녀를 포함했다. 이들이 전복, 성게, 앙장구알(雲丹)을 일본에 수출해 외화획득을 담당했다.

그러고 보면 울산 바다는 제주 해녀들이 개척한 공이 적지 않았다. 임진왜란 때부터 시작된 제주 해녀들의 울산 상륙 역사를 생각할 때 어쩌면 그들의 '이어도'는 곧 울산이고 누군가에겐 울산이 신대륙이자 엘도라도였을지도 모른다. 제주 해녀들은 "파도 세고 물결 센 저 바다를 건너서/ 울산으로 돈벌이 가요"라며 바다 건너 울산에 왔다.

울산의 두모악 (2)

소파 방정환이 1925년 7월 추전 김홍조의 초대로 울산에 왔다. 언양과 장생포 그리고 울산 읍내를 방문했는데 장생포에서 난생처음 해녀를 목격하고 "인어 아씨 같은 해녀"라며 남다른 감회를 수필로 남겼다.

"이름도 좋은 장생포 물가에 해녀 아씨를 보고…. 해녀 아씨들은 우리나라 맨 끝 제주도라는 섬에서 나서 거기서만 살고 있는데, 어디든지 간다고 합니다. 그래서 이곳 울산 근처에도 바닷가에 많이 와 있다."라며 "조그만 나룻배로 물을 건너 고래 잡는 회사를 지나 장생포에 그들을 찾아간 때는 7월 20일…. 십여 명의 해녀가 혹은 눕고, 혹은 앉아서, 이랫스꼬마, 저랫스꼬마 하고 말끝마다 스꼬마를 붙여서 주고 받는 소리는 도무지 무슨 말인지 알아들을 수 없어서, 마치 외국 여자나 아주 물속의 딴 나라 여자를 만난 것 같았다."라고 했다. "머리도 붉고 누르고"라며 해녀의 붉은 머리를 강조한 것은 옛 기록의 두모악 특징 묘사와 같다.

1985년 목도에서 만난 고씨 할머니, 제전의 부씨 할머니는 제주 출가出稼 해녀였다. 민요와 노동요 채록, 구술작업 중에 만났는데 작별할 때는 언제나 〈이어도 사나〉를 불러줬다. "파도 세고 물결 센 저 바다를 건너서 기울산(기장 울산) 대마도로 돈벌이 가요" "울산 강산 뭣이나 좋아 왔던고" "울산 가서 돈 벌어다 큰 집을 사고" 등 가사에 울산이 등장했다.

제주 해녀 노동요인 〈이어도 사나〉는 노동의 고통과 신세 한탄, 남편과 첩을 원망하면서 돈벌이에 대한 기대 등 자강과 근면 정신, 용궁에 안전을 비는 내용이다. 사랑과 이별, 부모와 자식 등 두고 온 가족 걱정과 이어도를 그리워하는 내용도 있다. 그들은 출가 생활을 5~6개월 무사히 치르고, 음력 8월에 신명 바쳐 번 돈을 꼭 쥐고 귀향한다는 대망을 품고 파도를 넘나들었다.

제주 해녀는 17~8세기에 울산에 완전히 정착한다. 1609년 〈울산부 호적대장〉에 "대대여리(大代如里, 해칠방 일대)에 두모악 2호, 온양리에 9호가 거주했다, 1672년 판에 백련암리(연암동) 187호가 살았다."는 기록과 1684년 판에 "성황당리(반구동)에 197호, 1705년 판에 성황리 192호, 1708년 판에는 성황당리 185호"라고 돼 있다.

이들의 출가 조업은 1879년 전남 청산도를 시작으로 19세기 말 울산, 울릉도, 완도, 흑산도, 영도, 경북은 물론 강원도, 황해도, 원산 청진 등 함경북도까지 북상했다. 대마도와 靜岡, 高知, 長岐, 三重, 東京, 神奈川 등 일본과 중국 靑島와 大連, 러시아 블라디보스토크로 원정 물질을 갔다. 억척 아지매들이자 다부진 처자들이었다. 상냥하고 복스러운 반구동 '울산 큰애기' 중에도 제주가 외가인 억척 누나들이 있는데 내황 두모악의 DNA를 지니고 있을 것이다.

해녀 문화는 제주와 일본(아마)뿐 아니라 남미 대륙에도 존재한다. 마젤란 해협 남쪽 원주민인 Yahgan족 남자들은 가죽 배를 타고 고래를 잡고 여자들은 물질한다. 칠레 파타고니아의 Alacaluf 인디언 여인들은 수심 7~8m까지 잠수해 대합, 성게를 잡아 테왁에 담아서 이로 물고 밖으로 나온다(김성규, 현지 탐사 전언). 해녀 문화의 분포가 이러하다면 솔로몬이나 고대 로마인들의 말이 맞았다. Nihil novum sub sole.

정화와 벽사의 퍼포먼스, 울산 매귀악

1980년대 중반까지만 해도 울산엔 농경사회의 풍속과 유례들이 많이 남아 있었다. 그중에 음력 설날부터 2월 초하루까지의 세시풍속은 종류도 다양하고 보기에도 놀기에도 참 좋았다. 정월 대보름날의 세시풍속 중 하이라이트는 지신밟기였다. '매구친다, 걸립 논다'라는 것이다. 포수를 앞세우고 오방색 종이꽃으로 치장한 걸립패가 집마다 구석구석 지신을 밟으면 주인은 복채와 술로 답례했다.

1988년 초 이유수 선생이 《학성지》 사본을 공개했다. 상주의 권상일 부사 후손이 보관 중인 초고본을 복사한 것으로 서문과 34개 항목으로 된 울산 최초의 읍지였다. (1749년 판)

특히 '풍속' 조가 흥미로웠다. 읍지 풍속 조는 고을 사람들의 성정 등을 간단히 평하는데 《학성지》는 울산 기층민의 풍속과 놀이를 비교적 상세히 소개해 마치 황무지에서 보석을 발견한 기분이 들었다. 풍속 조에는 매귀악(정월 대보름) 영등할매(2월 초하루), 마두희와 씨름(단오)이 소개돼 있는데 내용이나 놀이의 절차가 잘 정리돼 있어 이해하기 쉬웠다.

매귀악(매귀유)은 울산 특유의 지신밟기를 가리킨다. 일반적으로 밟는다는 埋나 도깨비 또는 홀린다는 뜻의 魅를 쓰는 데 반해 울산 매귀악은 특이하게 煤(그을음, 불태우다)로 표기했다. "매귀악은 섣달부터 준비한다. 섣달에 마을의 한 사람에게 종이기 제작을 맡겨 그 집 마당 가운데에 기를 세운다. 이때 젊은이들이 무리 지어 노는데 달밤에 징과 북을 치며 둥글게 모여 풍악을 익힌다. 기두(魁頭, 방상시) 와 오색 종이기, 종이꽃을 만들고 악귀나 전염병을 쫓기 위한 등걸이(떵거리, 생장작)를 태우며 노래를 주고받고 주술적인 7자의 가사를 외친다."

놀이구조는 영신迎神과 오신娛神 송신送神으로 구성돼 있는데 영신은 서낭신을 맞이하는 것이고 서낭신을 위한 제사와 공동체의 대동 놀이, 오색 종이기에 서낭신을 모시고 집집이 지신밟기를 하는 것이 오신이다. 그리고 지신밟기를 마치고 사용했던 종이기와 등걸이를 불에 태우며 신을 보내드리는 송신送神으로 마무리한다.

울산 매귀악은 마을을 누비며 귀신을 내쫓고 집마다 액을 물리치는 축원을 하고 마을과 각 가정의 재난이나 액을 말끔히 태우는 공동체 놀이로 마을 축제이자 퍼포먼스이며 새해맞이 축제였다. 바쁜 농사철이 오기 전 신명 나게 놀며 액과 고를 풀어보자는 의도에서 시작했다.

울산 매귀악의 가장 고유하고 특이한 부분은 불에 태우는 마지막 과정이다. 등걸이가 다 탈 때까지 기다렸다가 모두가 '등광궐아괘보살騰光厥兒掛菩薩' 7자를 외친다. 이는 어느 지방에서도 찾아볼 수 없는 고유한 가사라 믿는다. 이구동성으로 "달집에 불이야."를 외치는 장면과 겹친다. 불은 모든 걸 태워 재로 만들어 원형을 없앤다. 소멸과 변화, 창조를 상징하고 정화, 벽사를 의미한다. 성화나 달집태우기 쥐불놀이 논두렁 태우기 영등할만네 소지도 모두 불을 매개로 한 퍼포먼스였다.

울산만의 독특하고 희귀한 매귀악의 의미나 정체성이 아직 명확히 규정되지 않고 여전히 생소하다. 강변에서 기름을 부어 달집태우기를 하는 것도 좋지만 매귀악을 울산 무형문화재로 복원해 제2의 마두희로 만들어야 한다. 마을 주민 모두 주인공이자 관객이 돼 환호하며 단합하는 잔치, 그것이 진정한 대동제요 뉴노멀 문화행사가 될 수 있겠다.

울산 마치와 보시다 마츠리

2007년 10월, 일본 구마모토성에서 '한일 우정의 콘서트'가 열렸다. 현지 무궁화 모임 회원과 주민 수천 명이 함께했다. 2010년 4월 26일 울산시와 구마모토시는 400여 년의 구원을 넘어 우호 협력 도시 약정을 체결했다.

아직도 일본은 '가깝고도 먼 나라'란 인식이 있다. 특히 구마모토는 울산 사람들이 포로로 잡혀간 원수의 땅이며 임진 전쟁의 선봉장이자 울산에 큰 상흔과 악몽을 남긴 가토 기요마사의 영지로 그를 영웅시하는 곳이다. 구마모토성城 축성에 동원된 노동력과 기술자들의 피땀을 비롯해 '울산 마치와 보시다 마츠리'가 진행되고, 조선 호미와 조선봉朝鮮棒이라는 적주赤酒가 전해지는 땅이다. 가토가 조선 호랑이를 사냥하는 그림을 새긴 엽서를 팔고 가토의 창 모형 장난감을 돌잡이로 활용한다. 신사마다 가토를 '전쟁의 신'으로 신격화해 숭배의 대상으로 받든다. 우리는 '난폭하고 무식하며 욕심이 넘치는' 가토라고 알지만 그들은 용감무쌍한 장군이라 여긴다.

치욕의 역사도 역사다. '울산 마치'는 구마모토성 아래 조성된 조선인 포로 집단 거주지였다. 가토가 퇴각할 때 4~500명의 울산 출신 기술자들을 포로로 끌고 갔다. 가토는 울산 마치를 보며 절치부심·와신상담의 각오를 하거나 복수를 다짐했을 것이다. 조선인들은 주로 대나무 통 짜는 기술과 상감 기술을 전수하고 축성에 중요한 역할을 했다. 1929년부터는 정류장 이름으로만 남았다. 주변에 '蔚山'이란 상표를 단 간장 공장(15대 400여 년 역사)과 '蔚山 아파트'를 통해 이곳이 울산과 인연 있는 곳이란 것을 짐작할 뿐이다. 서생포 출신의 후손이 집단 거주했다는 설은 확인할 수 없는 낭설이다. 3년여 동안 문화원과 이마무라(今村) 선생 등 향토사가들을 만나 탐문했지만 '서생西生'이란 성씨를 아는 이는 없었다. 유일하게 도쿄에 사는 건축기사 西生健 씨가 조상이 서생인이고 울산 마치가 고향이라고 주장한 바가 있다. 그의 부모는 서생포 왜성에 몇 번 답사했다고 전했다.

구마모토의 9월은 '보시다 마츠리'의 시기로 해마다 60개 단체 1만 명 넘게 참가한다. '멍청한, 어리석은, 멸했다'라는 말에서 유래했다고 해서 '보시타 축제'라고도 한다. 가토의 무사 귀환이 신의 은덕으로 알고 축제를 활성화했다든가 아소산 승려가 도력으로 가마우지를 조선에 보내 탈출했다는 창작 구전이 깔려있다. 치장을 한 말(飾り馬)을 몰

고 '(조선을) 멸했다, sex 했다.'라는 뜻의 "보시다 호로보시다"를 외치며 거리로 나선다. 나팔과 북을 치는 주민들이 '도카이, 도카이(와, 멋지지 않은가라는 현지 방언)'라는 큰소리를 외치며 뒤따라 행진한다. 가토가 울산에서 겪은 고통을 잊고 싶어 승자라는 착각에 빠져 조선을 멸망시킨 승리의 축제로 위장해 활성화했다는 해석도 있다. 이것이 '임진 전쟁' 역사를 대하는 일본인들의 기억 방식인지 모른다.

  16세기 동아시아 최대의 국제전이 끝난 후 각자의 입장에 따른 전쟁화가 제작됐다. 전쟁 당사국인 한일과 중국(明)이 제각기 다른 역사 기억을 전승한 것이다. 명은 〈정왜기공도〉와 〈평양성탈환도〉를 통해 명의 도움으로 왜란을 극복했다는 재조지은再造之恩의 의도를 드러냈고 일본은 〈울산성전투도〉를 남겼다. 부분적으로 처절한 농성 장면도 있지만, 전체 내용은 조명 군의 퇴각과 이를 맹렬히 추격하는 일사불란한 왜군의 모습이 더 주목받아 있다.

안녕! 영등할매

어릴 적 고향에는 다양한 신들이 있었다. 특히 동짓날부터 음력 2월까지는 신들의 시간이었는데 대부분 '여신'이 득세했다. 남녀를 결합해 주는 항아姮娥는 하늘나라의 선녀였고 아이를 점지해 준 삼신할미나 마을의 안녕을 지키는 당산 할머니(골맥이할매), 성안 숲 못에서 동방삭을 잡아챈 마고할매와 부엌에 있던 조왕신 등 모두가 여신이나 할매였다. 무섭거나 두려운 신이 아니라 그냥 응석 부리고픈 만만한 할매신 또는 여신들은 자신만의 고유한 시간에 맞춰 특정 공간에 모습을 드러냈다.

음력 2월은 '영등 할매의 달'이었다. 영등할매는 '바람의 신(風神)'으로 올 때마다 꼭 심술궂은 바람을 몰고 왔다. 꽃샘추위, 꽃샘바람 또는 꽃소식을 전해 오는 바람인 화신풍花信風이라고도 했다. 문제는 자애로운 할매가 아니라 2월 바람처럼 변덕과 까탈이 심한 노인이란 점이었다. 심술을 잘 부리고 잘 삐치는 기질을 가져 어머니는 "우야든동" 가족이 무탈하고 풍년이 들게 해달라며 할매를 달랬다. 정성을 다하고 한 치의 부정도 용납할 수 없었다. 새벽 정화수를 뜨고 소지를 하고 섬밥을 만들어 까마귀 등 날짐승들을 먹일 때나 토정비결로 한 해 신수를 점치는 등 어머니의 2월은 '인간의 달'이 아니라 '신을 위한 달'이었다.

다들 영등할매가 하늘의 바람을 관장한다고 믿었다. 며느리나 딸 중 하나를 데리고 인간 세상에 오는데, 딸을 데리고 올 때는 바람이 몹시 불어 바람영등이라 했다. 딸의 고운 옷을 자랑삼아 나부끼게 하려고 일부러 바람을 크게 일으킨다는 것인데 그 해는 풍해가 심해 흉년이 든다. 며느리와 올 때는 비가 많이 내려 물영등이 되었다. 고부갈등은 신도 피해 가지 못했으니 "시샘 많은 할매가 며느리 치마에 얼룩을 지게 하려고 비를 내린다."라고 어머니는 웃으며 말하곤 했다.

초하룻날 첫닭이 울면 어머니는 우물에 가서 바가지로 정화수를 떠 장독간에 둔다. 정화수는 경칩과 춘분 사이인 10, 15, 20일에 갈아 준다. 영등할매가 올라가는 날이 세 날 중 하루이기 때문이다. 그리고 부엌에 제물을 차리고 가족 수대로 축원하며 비손한다. 길게 독백하듯 기도한 뒤 바람을 올린다. 신이 내려앉은 한지에 불을 붙여 두 손바닥으로 떠받쳐 훨훨 하늘로 올리는 소지이다. 오곡밥에 지짐명태, 오색 나물을 미리 추려 놓은 짚단 안에 넣어 섬밥淨飯을 해 실경이나 볏가릿대에 갖다 놓고 삽짝 밖 나무에 까마귀밥을 얹으면 모든 의식이 끝난다.

　울산의 영등 기록은 짧게 남아 있다. "영등신은 봄볕이 발산하는 기운으로 일명 풍신이라고 한다. 풍속에서는 영등제석이라 하는데 2월 초하루에 집마다 목욕재계하고 상인과 나그네를 엄금하여 집안에 들이지 않는다." (학성지, 1749)

　민속학자 송석하는 "영동신은 의인화인 노처녀로 딸과 며느릴 차별하고 희로의 변도가 급한 여자의 편성을 구체화한 것이다."라고 했다.

　해마다 이맘때면 어머니의 기도와 영등할매를 떠올린다. 올해는 어디서 누구의 공양을 받으시길래 봄바람이 이리도 순하고 비도 적당한지. 심술도 변덕도 없이 올라간 영등할매가 고마워 대신 인사를 전한다. 안녕! 영등할매!

울산의 실로암, 초정약수

　비단에 수놓은 듯 아름다운 산천, 삼천리 금수강산에 물은 또 얼마나 좋았을까. 울산의 초정약수와 산전샘, 오봉사나 지장 물탕 그리고 강원도 오색약수, 청송 달기 약수, 청주시 내수읍의 초수와 영덕 초수골 등 전국에 유명 약수가 많다. 초정이란 지명도 흔하다. 세종시와 김해 청주 영천 아산 황해도 안악에 있고 인왕산 아래 인경궁 인근의 초정 온천은 인목대비가 자주 이용했다. 산초나 제피를 뜻하는 椒자가 붙은 게 공통점이다.

　웅촌 초정약수는 1970년대까지 아이들이 사카린을 타 사이다를 만들어 마셨고 부산, 양산, 경주, 언양, 울산에서 온 어머니들이 물을 받으려고 줄을 섰다. 대부분 무명옷을 입던 시절이라 일대가 흰 천으로 뒤덮인 듯한 광경이었다. 칠석날엔 부산 양산 경주 청도 등에서 온 인파로 인산인해였다. 이날 초정약수를 마시면 모든 병이 낫고 인연이 맺어진다는 속설 때문에 맞선 장소로도 활용되었다. 주민들은 지금도 중풍과 체증에 큰 효과가 있다고 믿는다.

초정약수는 여러 문헌과 시에도 남겨져 있다. 조선 3대 가사 시인으로 문관이자 무인 노계 박인로는 1621년 신유년 회갑에 한강 정구와 초정에서 목욕했다. 그때의 기분과 신비한 효험을 잊지 못해 〈한강과 함께 울산 초정에서 목욕하다〉란 단가 2수를 남겼다. 존경하던 정구와 자신을 《논어》의 공자와 증점의 사제 관계에 비유한 구절이 들어있다.

1909년 7월 6일 황성신문은 "초정약수는 천연의 돌 상자에서 용솟음치는데 겨울엔 따뜻하고 여름엔 차다. 맵고 신 맛이 제피 맛이다. 목욕하면 풍이나 습진이 치료되는 효능이 있다."라고 소개했다. 18세기 여지도서 울산부읍지에도 똑같은 내용이 전한다. 권상일 부사는 청대일기에 "한강 선생이 초정에 갈 때 반구서원을 지나며 머물렀다."고 했고 학성지에 "초정에 돌샘이 있어 약수가 나는데 그 맛이 제피 맛이 나 초정이라 이름 지었다."라는 기록이 있다.

사람들은 체험담을 민담이나 전설처럼 전한다. "청주 초수를 능가하고 세계 3대 광천수" "실로암이나 베데스다에 견줄만한 신의 물"이라고 확신하는 이도 있고 신비의 물이 틀림없다고 믿기도 한다. 100% 신뢰하긴 어렵지만 "차갑고 톡 쏘는 맛이 일품이며 신진대사 및 위장운동을 촉진하고 각종 피부질환에 효과 있다."라는 말은 맞는다. 물은 정화이자 치유이며 생명이라는 레토릭을 증명하기라도 하듯이 주민들의 믿음은 완고하고 민간신앙에 가까웠다.

　노자는 '상선약수'를 가르쳤다. 무위자연과 같은 말이다. 성경에도 우물, 샘, 연못, 생명수 등 영생이나 치료, 기적의 수단이나 매개로 물이 자주 등장한다. 예수는 물로 세례받았고 가나 혼인 잔치에서 물을 포도주로 바꾸는 기적을 선보였다. 샘을 두고 다투는 부족 이야기와 우물가 여인에게 영원히 목마르지 않는 생수를 권하고 실로암에서 눈을 씻은 시각장애인이 눈을 뜨기도 했다. 천사가 가끔 내려와 물을 움직이게 할 때 먼저 입수한 사람은 어떤 병이든 낫는다는 베데스다 연못에선 38년간 앓던 환자가 단번에 깨끗해진 기적을 체험했다.

　수백 년 용솟음치고 있는 초정약수. 한 주민이 노계 시비와 문학관 건립을 조건으로 300평의 토지를 매입해 기부를 약속했다. 문학관이 들어서고 약수 축제를 곁들인다면 울산의 새 명소, 또 하나의 문화자원이 추가될 것이다. '울산의 실로암'이 될 날이 오리란 믿음과 함께!

코스모폴리탄을 자처한 무용가 박영인

　세계적 무용가…. 독일 헝가리 등 유럽과 일본, 미국은 물론 브라질, 아르헨티나 등 남미에서 먼저 알아주고 세계 무용계의 찬사를 받았던 춤꾼. 근대신문이 유럽 무대를 휩쓴 무용가라며 '우리 민족의 자랑스러운 3대 거장(1939.1.4. 동아일보)'이라 소개한 박영인이다.

　박영인(朴永仁, 1908~2007)은 조국을 버리고 일본에 귀화했다. "나는 세계인, 코스모폴리탄이다."라고 선언한 뒤 성姓과 이름을 버리고 성을 '邦'으로 바꿨다. 예술에 국경이 없다는 것을 증명하듯이 조선, 일본, 미국 국적과 세 개의 이름을 가졌다. 본명 외에 에하라 마사미(江原正美) 혹은 쿠니 마사미로 살았다. 그는 조선인임을 불편해했던 것 같다.

　일본 유학 후 10년간 유럽에 체류했다. 1955년 이후 남미와 독일, 미국 대학에서 무용 지도자로 세계를 누비다 미국에서 99세로 사망했다. 이지적인 무용이라는 평을 받는 무용 이론가로도 유명했다. 독일 유학은 그의 인생에서 화양연화였다. 그를 유럽 무용계의 별로 만들기도 했지만, 나중에 괴벨스의 나치 선전부 소속으로 일본 스파이란 오명을 얻기도 했다.

그는 결혼도 가족도 국적도 고향도 포기하고 오직 춤에만 몰두한 자유로운 예술혼의 소유자였다. 세계 어디든 예술을 하기 좋은 곳이 곧 고향이라고 했다. 14세기 팍스 몽골리카 아래서 '고려인과 세계인' 사이를 방황하다 '원유자遠遊子' '동서남북인東西南北人'이라 자처한 가정이 곡과 겹치는 부분이다.

박영인은 1908년 울산 학산동 122번지에서 태어나 양사초, 부산 중학을 나와 부친의 권유로 일본 마쓰에(松江) 고등학교와 동경대 문학부 미술사학과, 독일 국립무용대학을 졸업한 철학박사로 일본에서 '방정미 창작무용연구소'를 운영했다.

13세에 영국인 선교사에게 처음 무용을 배우면서 서양무용에 심취했고 일본 유학 후 일본 신무용 창시자 이시이 바쿠의 문하생이 되었다. 우리 민족의 3대 거장이라던 최승희 조택원도 바쿠의 문하생이다. 1933년 1월 18일 대학 2년생일 때 '無음악 무도론'을 표방하며 동경 일본 청년관에서 무용가로 데뷔했다. 이후 1935년까지 새롭고 자유로운 무용표현을 시도하며 많은 창작 작품을 발표했는데 특히 전위적인 작품에 온 힘을 다하며 무음악 무용 실험에 매진했다.

1937년 독일 베를린에 유학, 왕성한 활동을 하던 중 2차대전 종전과 함께 연합군에 잡혀 일본에 강제 송환됐다. 미국 전쟁정보국(OWI)은 그가 독일군 종군위문단의 일원으로 유럽 각지를 다니며 공연했고 중요한 일본 첩보원이라 지목했다.

그는 단 한 번 고향에 다녀간 뒤 고국과 완전히 인연을 끊고 일본인, 무용가로만 살았다. 독일에서 독일식 신흥무용을 배웠고 베를린 국립극장과 이탈리아, 헝가리 왕실 극장 등에서 24회 공연하며 발레와 서양무용은 물론 조선 무용의 미를 선보여 유럽인들의 부러움과 찬사를 받았다. 1936년 4월 배구자 악극의 무용을 보고 조선무용의 미와 가치에 대한 평론을 썼고 "일본 무용가 방정미 씨가 조선 농부의 춤을 가져서 특이한 무용을 해 백림시민의 호기심을 자극했다." "최초 베를린 국립극장 무대에" 등 언론의 지지를 받았다.

"History has failed us, but no matter! (역사는 우리를 저버렸지만 그래도 뭐 상관없어.)" 소설 《파친코》의 첫 문장이다. 역사는 때로 사실이 왜곡돼 전해진다. 삭제되거나 묻히고 추방당한 역사는 또 얼마나 많은가. 박영인은 세계가 인정한 순수 예술인이지만 여전히 우리는 낯설어하며 외면하고 있어 안타깝다.

대통령의 삽

 울산에 '대통령의 물건'이 있었다. 지금은 어디에 있는지 모른다. 2002년 6월까지 울산시청(구관) 시장실 입구 복도에 유리 상자 속에 넣어 걸어 놓았던 '대통령의 삽'이다. 대통령의 물건은 시대와 주인의 성정, 취미를 알게 해주는 대통령의 상징물이자 현대사의 실마리를 제공하기도 한다.

 '박정희 대통령의 반려견 스케치, 노태우 대통령의 통소와 김영삼 대통령의 조깅화, 김대중 대통령의 원예 가위와 노무현 대통령의 개량 독서대, 이명박 대통령의 자전거 헬멧….' 등이 역대 대통령의 물건으로 보존 중이다.

 어느 날 울산 시청의 대통령의 삽이 없어졌다. 구관은 리모델링하고 옆에 신청사를 지을 때였다. 출퇴근 때마다 삽을 바라보며 '국가경제

부흥'을 역설하던 시장도 영면했다. 대통령의 삽은 이때를 전후한 시기에 사라진 것으로 짐작된다. 누가 왜 어디에 보관 중인지 오리무중이다. 지하창고에 뒀다가 잃어버렸다거나 누군가 몰래 가져가 보관 중이란 풍문만 떠돌 뿐이다. 시간은 기억도 빼앗아 간다. 대통령도 삽도 일상에서 모두 잊었다. 울산공업센터에 관한 역사가 더 풍부하고 납도 현장의 스토리는 한층 더 두터워지게 할 대통령의 삽은 어디 있을까.

한국 경제 발전사에서 울산공업센터 기공식은 빼놓을 수 없는 중요한 장면이다. 4천 년 민족의 가난을 씻어내고 루르의 기적을 넘어 신라의 영성을 재현하겠다고 다짐하던 대통령은 온 힘과 악력을 쏟아 삽날을 밟았다. 바로 다이너마이트가 터지고 현장은 잔치 한마당이 되었다.

백 마디 사연을 대신하는 사진은 있다. 찰나의 기록이 바로 생생한 '현대사'요 '울산 발전사'의 출발이다. 오늘의 울산, 현재의 대한민국 산업과 경제의 시발은 누가 뭐래도 '울산 특정공업지구' 지정과 기공식이었다. 5·16 후 국가재건최고회의는 1962년 1월 27일 각령 제403호로 특정공업지구로 지정하고 이후 2월 3일 오후 1시 15분 울산군 대현면 매암리 납도에서 공업센터 기공식을 성대하게 열었다. 박정희 의장을 비롯해 서울에서 온 내빈 200여 명과 주민 3만여 명이 몰려 "울산 고을은 역사상 처음으로 맞는 성사盛事로 흥분의 도가니에 빠졌다."라고 한다.

정부는 기공식 이틀 전 50만 인구 규모의 울산공업센터와 문화도시를 위한 종합계획을 발표했다. 4,900만 평 부지에 정유공장과 비료공장 종합제철소 등이 들어설 공장지구와 상가지구, 주택지구를 만들고 아파트 9동과 독립주택 1만 8,500호, 외인주택 40호, 외인아파트 2동을 짓겠다는 계획이었다. 관광사업으로 목도유원지, 일산해수욕장, 울기등대 조간지釣竿地 등을 꾸미기로 했다. 그해, 1962년 6월 1일 울산은 법령 제1068호로 시로 승격했다.

기공식 현장인 당시 울산군 대현면 매암리 '납도納島'는 작은 섬이었다. 개구리가 납작 엎드린 모양이라 해서 붙인 이름이다. 지금은 한국엔지니어링플라스틱 공장(남구 장생포 고래로 84)에 '한국공업입국 출발지 기념비'라는 기념비만 남아 있다. 박 의장의 시삽 장면과 학생들의 환송 박수에 거수경례로 답하는 사진이 함께 새겨져 있다. 원래 매암리는 대일과 양죽, 섬목과 뒷개 등 자연마을 7곳이 있었다. 1956년에 울산 최초의 현대식 공장인 삼양사가 들어섰다. 울산공단의 효시였다.

추억을 부르는 매개는 다양하다. 어떤 순간 만나는 물건이나 장소, 시간과 인물이나 때로 갑자기 불어오는 바람일 수도 있다. 공업 도시 울산, 산업수도 울산의 근원을 생각할 때 '대통령의 삽'도 기억했으면 한다. 너와 나, 우리에게 데자뷰로 오는 매개가 그 삽이었으면 좋겠다.

문화재가 된 울산의 일기

 울산의 양반들은 여러 일기를 남겼다. 북권남신北權南辛의 한 축이었던 언양(반곡) 안동 권씨의 《회근록回巹錄》은 흠 없이 살아 낸 노부부의 결혼 60주년에 쓴 '리마인드 웨딩 기념 문집'이다. 17세기 초의 《부북일기赴北日記》는 함경도에서의 군 생활을 적은 조선 무관 부자의 종군일기였고 심원권이란 울산 양반은 64년 동안 하루도 빠짐없이 일기를 썼다. 김홍섭이란 두서 농민도 1955년부터 매일의 비망록을 지금도 쓰고 있다. 울산부사 권상일의 《청대일기》는 매일매일 기록한 일기로 24세이던 1702년부터 81세로 세상을 떠난 1759년까지 58년간 써 내려갔다. 장생포 선적 제5진양호 김수식 선장이 1979년~1980년까지 2년 동안 쓴 《포경 일지》도 우리 포경사와 해양산업 변천사를 연구하는 데 귀중한 자료이다.

《부북일기》는 조선 선조 38년(1605년)에 울산의 무인 박계숙(朴繼叔, 1569~1646)이 함경도에서 군 생활을 하며 쓴 병영 일기이다. 울산광역시 유형문화재 제14호이다. 인조 22년(1644년)에 아들 박취문(朴就文, 1617~1690)이 같은 지역에서 1년간 군 생활을 하며 아버지의 일기에 덧붙여 기록했으니 흔치 않은 '부자의 종군일기 세트'이다. 아들은 태화강국가정원에 있는 만회정과 관어대의 원주인이다. 아버지는 1605년 10월 15일 울산에서 출발해 1년간 함경도 회령부 보을하진에서 복무했고 1607년 1월 1일 집에 돌아왔다. 아들은 1644년 12월 9일 울산을 출발해 1646년 4월 4일 돌아왔다. 이 기간 일기를 아버지 일기에 이어 썼다. 조선 시대 군 장교가 남긴 일기라 희소가치가 크고 부자의 일기란 점이 주목된다. 무관의 현지 성생활 등 은밀한 개인사까지 숨김없이 써 놓은 점도 특징이다. 17세기 국경지대의 군과 장교들의 일상을 파악할 수 있을 정도로 울산에서 함경도 회령에 이르는 노정을 하루도 빠짐없이 기록했다. 당시 무관들의 활쏘기와 활낚시(bow fishing)로 연어를 잡아먹었다는 기록도 있다. 이밖에 북쪽 끝 변방에서의 군 복무와 각종 세금, 부역 특혜와 급료, 1년에 4차례 행해졌던 상급부대의 순찰은 전 부대원들을 긴장시켰다고 한 기록과 부방赴防 길에 만난 여러 여인의 인적사항과 로맨스, 주고받은 선물과 조총 제조 실태 등 실로 다양하고 풍부한 내용으로 가득하다. 드라마나 영화 등 다양한 콘텐츠 제작을 위한 멋진 문화 원형질이다.

《심원권일기》는 그가 21세인 1870년 11월부터 83세인 1933년 12월

10일까지 무려 64년 동안 부모상을 당한 3일을 제외하고 매일 쓴 일기다. 쌀값을 비롯한 물가를 빠짐없이 기록한 점이 가장 큰 특징이다. 날씨와 바람과 구름, 문중 행사나 계모임, 관혼상제와 친지 얘기들도 많다. 날씨는 그냥 '맑음'이 아니고 '맑고 차갑다' '맑고 따뜻하다' '새벽에 가랑비' '흐렸다 맑음' 등 자세히 묘사하려 애썼다.

울산 최초의 문과 급제자이자 중앙에서 관료로 활동한 이근오(1760~1834)의 《죽오일기》와 《남정록》 등 울산을 유람한 기행문들도 울산의 기록물이다. 백련구곡을 경영한 도와 최남복과 반계구곡의 천사 송찬규, 집청정의 시문집도 울산의 귀중한 기록문화이자 역사자료이다.

총명불여둔필聰明不如鈍筆 - 아무리 똑똑해도 몽당연필로 쓴 한 줄의 기록만 못하다. 기록되지 않은 문명은 전달되지 않는다. 역사는 기록의 산물이고 기록의 힘은 대대로 전해진다. 기록이 역사가 되고 우리는 역사를 통해 현재와 미래를 고민하고 발전시킨다.

백년몽을 지닌 삼호교

'백 년의 꿈'을 간직하며 한 세기 넘게 견뎌 온 다리가 있다. 구 삼호교이다. 사랑했지만 헤어진 여인을 기다리는 심정과 같은 세월을 보냈으리라. 그러니 시간은 공평하지 않다. 아프고 힘든 이에게 시간은 고통이고 더디게 흘러간다. 강물도 백년 세월도 그렇게 흘러갔다.

국가등록문화유산 104호인 삼호교(대한민국 근대문화유산)는 울산 최초로 '센츄리 클럽' 회원에 가입했다. 부산에서 함경북도 온성까지 가는 7번 국도를 이어준 118개의 작은 다리 중 하나다. 외형은 단순하다. 그냥 교각을 '세움' 했고 상판의 '엎드림'으로만 구성됐다. 길이 203m, 너비 5m, 높이 7m에 경간 9.6m로 너비보다 교각이 촘촘하다. 옛날 건축 방식, 당시의 기술 수준으로 이해하면 된다.

삼호교는 1924년 5월 22일 오전 11시 준공됐다. 남구쪽 끝머리 주변에 난계 선생의 소설 《삼호강》의 낚시터와 삼호섬, 은행나무 정원, 철새도서관과 철새 홍보관이 있다. 포란 중인 백로를 볼 수 있는 태화강 철새 낙원도 있다. 건설 당시 얼마나 장관이었던지 중학교 소풍 명소였고 준공식 관람 인원이 1만 명이나 모였다. 당일 다리 위를 왕복한 차량의 승객 수가 8백여 명이었다.

다리 위 통행량이 계속 늘어나 1959년 바로 옆에 새 다리를 만들어 삼호교라 하고 기존 다리를 구 삼호교라 했다. 1990년 신 삼호교를 건설하면서 지명대로 다리가 세 개가 되었다. 다리 아래 태화강은 1990년대 초까지 울산시민들의 최애 피서지였다. 그때 우리는 거의 다리 밑에서 여름 한 철을 보냈다. '공구리' 친 '공굴' 같은 교각 사이는 늘 그늘이었고 천렵 한번 하면 술안주가 그득해 가족 나들이나 계중, 향우회와 동기회 장소로 최적이었다.

'구 삼호교'는 태화강에 처음 놓인 철근 콘크리트 다리이다. 두 번째는 1927년 8월 15일 준공돼 9월 11일에 개통한 병영교(후에 산전교로 개칭)로 중구 병영과 북구 진장동을 잇는다. 삼호교 산전교 둘 다 울산과 경주를 이어주는 7번 국도상의 교통로로 일제강점기 울산의 근대화 과정을 알게 해주는 중요한 문화자산이다. 1935년 울산 읍내와 삼산을 잇는 울산교가 개통됐다. 원래 태화강 중도를 기준으로 강남 쪽에 성남교, 강북 쪽에 울산교라는 나무다리가 있었는데 철근 콘크리트 울산교를 1935년 8월 말에 준공하고 9월 3일 준공식을 거행했다. 울산교 준공으로 태화강을 건너 남쪽이 발전하는 계기가 됐다. 1928

년에 건설된 삼산 비행장과 함께 도시화가 진행돼 오늘날 남구 번영이 기틀이 된 셈이다.

삼호교 이전에도 태화강에 다리가 여럿 있었다. 삼호교 근처 삼탄교三灘橋를 비롯해 우정 시장 인근에 무지개 형태의 돌다리 홍교虹橋가 있었다. 홍교는 울산 최초의 아치형 다리였다. 병영성 동문 바깥 어련천(동천강)에 나무다리 해양교가 있었고 언양현 동쪽 19리쯤 울산 경계 지점 태화강 상류에 벽력교霹靂橋가 있었다.

100년 된 다리는 역사적인 가치와 함께 건축 기술의 변화를 보여주는 중요한 유산이다. 우리는 100년 역사의 삼호다리를 철근 콘크리트로 만들었다는 이유로 낮춰보고 저평가해 왔다. 철근 콘크리트 다리도 한 세기의 역사라면 만만치 않은 문화유산이다. 로마 콜로세움은 opus caementicium이라는 로마 콘크리트로 만들었지만 고대 로마의 공학적 능력을 보여주는 증거라며 높이 평가한다. 로마 판테온 유산도 '공구리 유산'이다. 울산에는 '백 년의 꿈을 지닌 다리'가 있다.

강동의 천년 미역바위

　1970년대 바다가 보이는 나의 중학 시절 기억 한 토막. 겨울이 막 시작될 11월, 바닷가 마을엔 이른바 '영'이 내린다. 그날은 교실에 빈자리가 많아진다. 미역바위 기세 작업을 하는 마을 두레를 돕기 위해 해안가에 사는 학생들이 집단 결석을 하기 때문이다.

　아이들은 뗏마를 저어 미역바위를 왕복하고 해녀들이 따 놓은 미역 더미를 배로 실어 나른다. 해녀들은 호미와 가래(긴 막대기에 날카로운 날이 부착된 도구)를 들고 바다로 뛰어들어 바위를 긁어내고 청소하면서 돌미역도 함께 따낸다. 이를 기세 작업 혹은 돌매기, 갯닦기, 짬매기라 한다. 호미로 논에 풀을 매듯이 미역바위에 붙은 패류나 잡조류를 없애는 일종의 김매기라는 말이다. 미역밭(돌미역 바위)을 깨끗하게 김매기 해서 포자의 안착을 돕고, 뿌리 부착력을 높여 파도에 잘 견딜 수 있도록 하는 작업이다. 울산, 기장, 감포 등이 돌미역으로 유명한 지역이다. 특히 울산(강동) 미역은 조선 시대부터 유명했다.

"울산의 곽전藿田을 용동궁龍洞宮에 그대로 붙여두라고 명하였다. 이 궁은 금중禁中의 사탕私帑이며, 울산의 곽전은 본디 한지閑地가 아니라 진공進供하는 데 쓰이는 것을 오로지 여기에서 가져가는데, 이따금 용동궁에서 떼어 받았다." (숙종실록)

곽전은 돌미역바위를 밭에 비유해 붙인 이름이고 사탕은 임금의 사유 재산을 말한다. 한지는 주인 없는 땅이고 진공은 지방의 토산물을 임금이나 상급 관청에 바치는 일이다. 숙종 이전에 울산 강동 미역이 왕실에 진상되었음을 알 수 있다.《신증동국여지승람》울산군 편에도 울산 강동 미역이 임금님 수라상에 올랐다고 전한다.

강동 미역은 줄기가 길고, 잎과 줄기 폭이 좁고 두꺼운 데다 질감이 단단하다. 오래 끓여도 잘 풀어지지 않고 쫄깃한 탄력이 그대로이니 산모용으로 선호되며 높은 가격에 거래된다. 강동 바다는 수심이 얕고 물이 맑아 일조량이 많고 물살이 거칠어 미역의 육질을 단단하게 만들어준다.

고려 시대에도 강동 미역은 유명했다. 북구 강동 판지 앞바다에는 울산광역시 기념물 제38호인 이른바 '藿巖'이 있다. 마을 사람들은 양반돌, 윤웅 바위라 한다. 파도에 따라 거무스름한 갯바위 꼭대기가 살짝 드러날 때도 있지만 대부분 수면 아래에 있어 눈으로 볼 수 없다.《흥려승람》과《학성지》,《울산박씨세보》등에 따르면 울산 박씨 시조 박윤웅이 왕건이 고려를 세우는 데 협조를 한 공로를 인정받아 미역바위 12구를 하사받았다. 조선 영조 때 문중이 대대로 소유하던 것을 환수했다가 3년 내내 흉작이 들자 1구를 되돌려줘 일제강점기까지 소유했다.

정부 수립 후 수산청에 소속되었다가 1961년 이후 개정된 수산업법에 따라 어촌계로 넘어갔다. 1966년 5월 울산 유림과 울산 박씨 문중이 정부에 탄원하여 되돌려 받았다.

미역바위는 논·밭처럼 소유주가 있었고 왕이 하사했다는 것은 경제적 가치가 상당했다는 의미다. 울산 경제와 부의 원천은 소금과 철, 그리고 미역이었다. 고려 충렬왕 때 찬성사를 지낸 울산의 부호 박구朴球는 울주 소속 부곡민으로 선대가 엄청난 무역상이었다. 당시 울산은 곽소藿所를 설치할 정도로 미역 등 수산물이 풍부해 동해와 남해를 잇는 연안 상업의 중심지였는데 박구의 선대도 울산의 상업적 기반을 토대로 부상으로 성장했다. 천년 미역바위 곽암이 경제적 기반을 상징하는 증거이다. 울산 미역에 관한 유일한 유적, 조선 후기 경제사 연구에 중요한 자료인 이 바위는 일반 문화유산과 구별되는 자연물로서의 가치 또한 대단한 것이다.

마성과 포니 자동차

1974년 7월 이후 나라 전체가 '마이카 시대'에 기대하며 잔뜩 꿈에 부풀었다. 승용차 1대를 내건 5주간의 공모전이 있었는데 최종 선택된 이름이 '포니(pony)'였다. 포니는 1976년 2월에 첫 출시돼 한국은 세계 16번째 고유 모델 자동차 보유국이 되었다.

"무슨 놈의 차가 꽁지 빠진 닭처럼 생겼어?" 정주영 회장은 썩 달가워하지 않았지만 이후 미국, 캐나다, 아프리카로 많이 수출했다. 1980년대 사회에 나온 베이비부머들은 생애 최초의 '애마'로 대부분 포니를 선택했다. 60개월 할부 대열에 겁 없이 동참하고 다음 날부터 통근차 대신 '마이 리틀 포니'를 몰고 출퇴근했다. 나만의 '애마'가 자랑스러운 날들이 이어졌다. 애마! 자동차는 곧 말, '네 바퀴로 가는 말'이었고 자가용은 전부 애마라 불렀던 그 시절, 포니는 우리를 어디든 데려다줬고 뒷자리에 탄 부모님은 흐뭇한 표정을 숨기지 않았다. 국산품 애용은 배반할 수 없는 철학이자 생활의 발견이었고 애국의 길이라는 자긍심이 가득했던 때의 풍경이다.

포니는 조랑말, 갤로퍼는 거침없이 질주하는 말이다. 에쿠스는 개선장군의 말을 상징하는데 엠블럼은 갈기를 휘날리며 달리는 말, 하늘을 나는 천마였다. 조랑말은 착하고 순하고 단단한 말이다. 작지만 체질이 강건하고 근육질로 이뤄진 단단한 몸에다 온순하고 지구력이 강하다. '포니'란 차 이름은 외양과 특질에 걸맞은 작명이었다.

울산과 말의 인연은 방어진과 남목의 '마성馬城'에서 시작된다. 동구 마성터널 위 봉대산이나 현대공고 뒷산, 마골산 일대에 옛 모습이 많이 남아 있다. 마성은 말이 도망가는 것을 막기 위해 목장 둘레를 돌로 막아 쌓은 담장 같은 성이다. 조선 시대에 중국에 공물로 제공하거나 국방과 교역, 교통수단으로 쓸 말을 기르기 위해 해안가와 섬 등에 200여 개의 목장을 설치했는데 남목도 그중 하나다. 경북 장기 목장의 남쪽에 있으니 남목南牧이라 불렀다.

한때 방어진 목장의 둘레가 47리, 여기서 키운 말이 300필이었고 염포와 양정의 경계선을 따라 성골에서 강동 경계까지 마성이 있었다. 1651년에 새 마성, 현재의 남목마성을 쌓았다. 높이 1.5~2m 정도, 둘레는 1,930보步였다. 울산과 언양, 양산은 물론 멀리 문경, 청도, 밀양, 영천, 경주 등지에서 동원된 사람들이 쌓은 것으로 추정된다. '淸道' '彦陽' '已上興海' '七邑更築' '淸道三百七十七步 順治八年辛

卯三月日'라는 글이 새겨진 돌이나 암각이 발견돼 확인되었다. 1651년 (효종 2년) 7개 지역의 장정들이 성을 개축했다는 내용이다. 남목마성은 1897년(고종 34)에 폐지되었다.

  예나 지금이나 울산은 국부의 모판이었다. 울산이 잘살아야 나라가 잘산다는 말이 허투루 나온 게 아니다. 그때의 울산(남목 목장)은 오직 왕실과 공물을 감당하기 위한 마성의 땅이었지만 지금은 자동차 제조와 수출로 나라 경제를 떠받치는 전진기지다. 염포와 양정의 마성을 달리며 뛰놀던 말이 세대를 거듭하면서 염포만에서 네 바퀴 달린 말을 억수로 낳고 있다. 마성에서 시작된 포니의 신화! 마성에서 놀던 조랑말(pony)이 울산에서 자동차로 환생했고 이제 갤럽(gallop, 전속력으로 달리게 하는)을 지나 다시 개선장군의 천마(Equus)로 진화를 거듭해 왔다.

환하게 글자를 비추는 울산전복

외솔 선생이 1941년 잡지 《춘추》에 '울산 풍물'이란 수필을 썼다. 그 중에 "그 진득진득하고 구수한 울산전복 곰"이란 구절이 있다. 쌀 콩 참외 고래 장어 고등어 청어 대구 미역 김 옹개 우뭇가사리와 연어 조개 굴 조기 유지렁 깜박 조갯국에다 '울산 동면의 전복'이 등장하는데 울산의 물산을 엄청나게 자랑하는 글이다.

울산전복은 조선 시대 각종 기록은 물론 1933년 고마부高馬夫의 '울산 아가씨'(실백자 없어서 전복 쌈일세)와 오랜 세월 구전되고 있는 모심기 노래(주인 양반은 문어야 대전복을 들고)에 등장할 정도로 유명했다.

다산이 초계문신 시절 성균관에서 밤을 지새우던 어느 눈 내리는 밤, 소울메이트 정조가 내각에 음식을 내렸다. 다산은 은혜에 감탄하며 공손히 시를 지었다. "은풍(경북 예천)에서 올린 곶감은 뽀얗게 서리 앉았고(殷豊蹲林瀫霜厚) 울산 감복은 환하게 글자를 비추네(蔚山甘鰒照字明)" 이 구절이 압권이다. 울산 감복은 마른 전복을 물에 흠씬 불려서 꿀·기름·간장 따위에 재어 만든 특식이다. 한 점 들어 불빛에 비추면 글자가 환하게 보일 정도로 투명했거나 전복 살의 광택이 밤에 글자를 식별할 정도로 빛났다는 표현이다. 울산 감복은 1809년 《규합총서》와 1925년 《해동죽지》에도 전하는 등 유명세가 계속되다가 지금은 이름조차 생소해졌다. 가끔 전복회나 전복죽 아니면 전복 곰을 먹지만 전복쌈(마른 전복을 물에 불려 얇게 저미고, 잣으로 소를 넣어 접은 뒤에 반달 모양으로 오려 만든 마른반찬)은 이젠 정말 귀하고 드물다. 민요 가사에 남아 전하니 그나마 다행이다.

조선 시대 울산의 진상품이나 공물 등 특산물이 한때 35가지나 될 정도로 많았는데 울산전복은 제주산과 함께 왕실에서 최고의 대접을 받았다. 울산 '조자복照字鰒'이 중복으로는 으뜸이었다.

지금 중산층의 평소 먹는 음식과 옛날 임금의 수라상을 비교하면 어느 것이 더 고급지고 훌륭할까? 대답은 현대의 중산층 식탁이 왕의 음식보다 더 나을 것이라 하겠다. 천하의 식재, 음식의 보배라 칭하는 전복 때문에 더욱 그렇다. 지금은 누구나 마음만 먹으면 전복 요리를 즐길 수 있다.

1980년대까지만 해도 울산 바다에는 전복이 흔했다. 가난했던 우리 집 설날 차례상에도 전복 요리가 빠지지 않았을 정도였다. 돔베기와 각종 생선 요리를 위시해 홍합이나 소라, 전복, 소고기를 꿴 산적이 진

설되면 차례상은 만점이었다. 그중 백미는 단연 전복 요리였다. 말린 전복을 칼로 저미고 새겨서 꽃 모양으로 오린 화복花鰒과 납작하게 펴서 말린 인복引鰒을 올리면 방안이 다 아름다웠고 대꼬챙이에 꿰지 않고 그대로 말린 무혈복無穴鰒은 보기만 해도 절로 군침이 돌았다. 물론 일상적으로 접할 수 있는 음식은 아니었다.

  울산 감복과 조자복을 되살려 울산의 음식 브랜드로 추가하는 날을 상상해 본다. 요즘의 관광은 식도락이나 미식을 찾아다니는 일이 대세인 데다 누구나 가는 곳마다 산해진미를 찾아 예찬하고 비교하는 것이 유행이다. 사라진 울산전복 요리를 재현한다면 단번에 미슐랭 별 세 개를 받을지 누가 알겠는가. 그러한 울산의 첫 요리는 조자복과 감복이 되어야 한다.

울산의 역사를 지켜 온 활만송

고향에는 200년 된 당수나무가 마을을 지키고 수구막이 동림洞林은 북풍과 바닷바람을 막아주었다. 그리고 중학교 뒷산에 있던 '활만송(活萬松, 만년을 활기차게 살라는 뜻)'은 가장 나이가 많은 어른이었다. 지금 당수나무는 재선충병으로 모두 잘려 밑동만 남았고 활만송은 621년째 그 자리 그대로 서 있다. 노거수는 말없이 세상과 사람을 지켜보며 이 땅의 역사를 증언한다. 활만송도 그렇다.

울산광역시 북구(강동) 정자동 산 20(남정자 죽전 대밭골). 1404년 김비 선생이 왕자의 난을 피해 이곳에 들어와 심었고 죽전 김씨(울산 김씨 일파)의 세전송世傳松이다. 천연기념물 구량리 은행나무가 573세이니 이보다 더 오래되었다. 《울산기네스북》에 최고령 나무로 등재됐다. 높이 13m 나무 둘레 390cm로 용틀임 모양에 근육질 보디빌더 모습이다.

잘 다듬어진 몸체가 지금도 볼수록 아름답다. 해안 가까이에 있지만, 해송 아닌 육송이다. 나무껍질은 붉은빛이 감돌고 몸통과 가지가 모두 울퉁불퉁한 근육질이다. "승천하려는 붉은 용을 닮았다."라는 표현이 어울린다. 기념비엔 "역사성에 있어 정이품송에 앞서며 풍모에서는 정이품송의 귀족적인 모습에 대비되는 서민적인 모습의 대표적인 소나무"라고 소개하고 있다. 오히려 강건한 장군이나 호랑이의 기세가 뿜어져 나온다. 그만큼 멋있고 힘차다. 50여 년이 지나 다시 보니 만년은 커녕 이미 힘을 잃어가고 있다, 생기를 잃었고 생육 환경도 좋지 않다. 주위의 상수리나무와 언덕 위 높은 곳의 소나무들이 햇빛을 가리고 새로 난 도로와 하수로에 도로확장까지…. 뿌리 손상에다 재선충, 솔껍질깍지벌레를 걱정해야 한다.

활만송은 600여 년간 울산 역사를 지켜본 산증인이다. 김비 선생의 후손인 울산 김씨는 울산공단 최초의 근대식 공장인 삼양사 창업주와 전남 장성의 필암서원 하서 김인후 선생, 초대 대법원장 가인街人 김병로 선생을 낳은 울산의 토성이다.

가인 선생은 일제강점기 많은 독립운동가를 무료 변론한 민족 변호사로 울산 김씨 하서 선생의 15세손이다. 1905년 을사늑약 체결 후 의병 활동에도 가담했다. 일본 유학을 마치고 1919년 변호사 개업 후에 의열단 사건과 6·10 만세운동, 안창호, 안재홍 등 많은 독립운동가를 변호했다. 공산주의를 배격했지만, 조선공산당 사건, 간도 공산당 사건 같은 좌파 독립운동가들 변호도 거절하지 않았다고 한다. 1948년 초대 대법원장이 되고 영하 5도가 되기 전엔 일절 난방을 못 하게 했다. 법원과 관사에 기름 난로 대신 톱밥이나 연탄을 썼고 담배 한 개비도 토막내 아꼈다. 손잡이가 부러져 반토막이 난 도장을 대법원장 재임 10여 년 동안 사용했고 양복 대신 두루마기 차림에 도시락을 휴대했다. 신생 독립국 공직자의 청렴이었다. 1954년 사사오입 개헌에 맞섰고 전관예우를 거절했다. 반공주의자였지만 인권을 우선해 국가보안법 폐지에 앞서는 등 이승만과 여러 차례 대립 후 퇴임, 5·16군사정변도 즉시 부정했다. 정의를 위해 굶어 죽는 것이 부정을 범하는 것보다 수만 배 명예롭다. 가인의 퇴임사 중 일부다.

활만송이 내게 말한다. "621년간 솔 씨와 솔방울을 날려 보내 바람을 막아주고 쉼터를 제공했지만, 지금은 천년도 더 살기 힘들겠다. 살을 파고드는 산성비에 몸은 추레하고 피부는 거칠고 갈라졌다. 사람들이 시멘트를 몸에 발랐고 늘어진 팔뚝에 의수 같은 쇠기둥을 박았다, 그래도 만년을 살아가야 한다. 그러니 사람아, 힘들다고 너무 징징대지 마라."

제 6 부

울주 1000년 울산 600년

울주 천년 울산 600년

'도시의 기억'이란 측면에서 울산은 기억할 대상을 많이 지우고 많이 사라진 도시이다. 역사의 흔적은 물론이고 도시의 뼈대가 형성됐던 근현대사 흔적조차 허물고 뭉개어 잊어버리게 했다. 울산이라는 도시의 역사와 문화, 예술을 함께 아우르는 장소나 기억할 만한 곳이 어디에 남아 있는가? 그런 점에서 울산공업센터 선포 기념일이나 '울산' '울주'라는 지명의 역사를 알고 기억한다면 울산이 활용할 수 있는 중요한 콘텐츠가 될 수 있을 것이다.

1962년 2월 3일 박정희 대통령은 울산공업센터를 선포하며 발파 버튼을 눌렀다. "4,000년 빈곤의 역사를 씻고 민족 숙원의 부귀를 마련"하기 위해서였다. 그 후 1967년 4월 20일 울산에 공업탑을 세웠다. 제1차 경제개발계획 성공을 기념하기 위한 것이었다. 공업센터 발파 자리는 이제 공장으로 변했고, 1992년 동양나일론이 세운 '한국공업입국 출발지 기념비'가 역사적 현장임을 증언하고 있다. 공업탑은 50여 년 그 자리에 있지만, 세월의 때를 벗겨내고 보수와 새 단장을 하며 변신을 꾀하기도 했다. 트램 건설이 되면 이전하거나 사라질지도 모른다.

울산공업센터가 들어선 지도 어언 63년이 지났다. 사람으로 치면 환갑을 지나 장년 또는 노년기에 접어들었다. 하지만 울산에는 제대로 된 기념비나 기념관 하나 없다. 사람들의 기억에도 존재하지 않는 듯하다. 오늘날 대한민국의 산업과 경제 발전을 위해 감수해 온 울산의 땀과 희생이 잊히고 있다는 말이다. 내년 2월 3일이면 '울산공업센터 기공' 64주년을 맞는다. 이날을 제대로 기념하고 조명한다면 공업센터가 갖는 의미와 울산의 역할, 시민들이 지녀야 할 자긍심을 확인할 수 있을 것이다.

2014년은 '울주'라는 지명이 생긴 지 1,000년이 되는 해였다. 지금 청사가 있는 청량면 율리는 신라 불교의 성지였고 통일신라 때까지 불교문화의 중심지였다. 망해사와 영축사, 문수사와 청송사 등 신라 시대 유명 사찰이 모두 율리에 있었다. '울주'라는 지명을 처음 사용하기 시작한 때는 고려 현종 때인 1014년이었다. 이보다 앞선 고려 초에도 울주라는 지명이 있었다지만 지금까지 확인된 기록으로는 1014년에 처음 울주란 지명이 사용된 것으로 보인다.

울산이란 지명은 조선 태종 때인 1413년에 처음 기록에 나타난다. 우리는 '울산 600년 울주 천년의 역사' 속에 사는 셈이다.

울산이 기억해야 할 의미 있는 날은 많다. 그 가운데 천전리 각석과 반구대암각화를 발견한 1970년 12월 24일과 1971년 12월 25일은 영원히 잊지 못할 기념일이다. 또 신라 때의 음력 6월 18일은 진흥왕의 아버지가 누이이자 연인인 어사추여랑과 천전리에 놀러와 좋은 돌에 글을 새기고 서석곡이라 이름 지은 날이고 14년 뒤인 음력 7월 3일은 진흥왕과 어머니가 천전리에 다시 와 돌아가신 아버지를 그리워하며 돌에 글을 남겨 놓았다.

이 밖에도 울산이라는 도시가 기억하고 기념해야 날들은 많이 있을 것이다. 모두 기억하고 기념할 수는 없겠지만 우선 현재 울산이라는 도시를 있게 한 가장 중요한 날을 기념하는 것은 오늘을 사는 우리의 사명이다. 울주 천년 울산 600년을 생각하면 울주란 이름 그리고 울산이란 지명이 얼마나 상서롭고 좋은 이름이기에 1000년과 600년 동안 사용하고 있을까로 연결된다. 생각할수록 좋은 땅이름이다.

거도와 장토의 마숙놀이

울주군 웅촌은 이름만 들어도 어딘가 웅장하고 큰 나라 같은 느낌이 든다. 시간이 멈춘 듯한 한적함과 아름다움이 공존하는 회야강은 여전히 구불구불하게 흐르고, 나무들은 우거진 숲을 이루며 햇빛이 그림자를 드리우고 있다.

고대국가의 터 웅촌은 '울산'이란 지명을 낳은 땅이라 울산의 원형이다. 우시산국于尸山國이란 소읍국과 정복자 거도居道, 장토張吐라는 들판, 그리고 기록상 우리나라 최초의 스포츠인 마숙馬叔이 모두 웅촌에 전한다. 거도는 누구이며 장토는 어디이며 마숙은 어떤 스포츠일까. 수십 년 머릿속으로 궁글려도 웅촌은 여전히 신비하고 수수께끼 같은 이름이다.

신라 4대 이사금 탈해왕 때, 이웃에 있는 우시산국과 거칠산국(

居柒山國, 동래)이 나라의 근심이었는데, 변경의 관장官長이었던 장수干 거도가 두 나라를 정복했다. 그는 매년 한 번씩 말馬을 장토에 풀어 군사들이 마숙馬叔놀이를 하도록 해 주민들을 속였다. 두 나라 사람들은 처음에 괴이하게 생각하다가 점차 평범한 연례행사라 여겼다. 거도는 이때를 노려 방심한 두 나라를 쳐들어 복속했다.

─《삼국사기》 거도 열전

기병을 활용한 거도의 허허실실 기만전술 기습공격의 승리였다. 성동격서나 만천과해瞞天過海의 전술이다. 후에 이사부 장군이 가야를 정복할 때 거도의 이 전술을 답습했다. 우시산국은 '울산'이라는 지명을 남기고 그렇게 역사에서 사라졌다.

우시산국은 3~4세기 울산 웅촌 웅상 일대에 있던 진한의 소읍국이다. 건국 시점은 정확하지 않다. 위치는 경북 영해라는 설도 있으나 지배자의 고분 유적이 확인되지 않아 근거가 희박하다. 또 거도가 두 나라를 한 번에 점령하려면 인접해 있어야 할 텐데 동래와 영해는 너무 멀다. 반면에 웅촌 대대리 하대 고분군에선 2~3세기 대형 목곽묘에서 철제농기구나 무기, 청동세발솥 등이 출토돼 우시산국 지배집단과의 관련성이 충분히 입증된다.

거도의 가계와 출신지는 알 수 없다. 몇몇 기록을 보아 이사부 장군과 관련 있다고 추측한다. 탈해 때 변방 관리로 벼슬이 간干이었다면 당시 사로국을 구성한 읍락의 지배자로 보인다.

장토는 현재도 웅촌에 있는 들판 이름이다. 원주민 박춘호 씨는 "곡천 앞들에 '장토 끝바지기'라는 땅에 우리 논이 있었다."라며 신라 때 지명 그대로라고 주장했다. 경주 감포나 양산시 정관, 서창으로 비정하는 설도 있지만 울산과 경주 사이에 있었던 것만은 확실하다.

마숙은 격구나 폴로, 아니면 조선의 마상재馬上才 같은 승마술로 여기지만 여전히 확실하지 않다. 《삼국사기》 열전 이사부 조에는 '마희馬戲'로 표기했다. 말을 타고 달리며 기예를 겨루는 놀이란 뜻이다. '叔'은 '掇' 자와 통하고, 무언가를 줍는다는 뜻이 있어 마숙은 말을 타고 달리면서 어떤 것을 줍는 놀이라고 보는 견해와 '馬叔'을 '馬技'로 판독하는 경우도 있다. 《삼국사절요三國史節要》와 《동국통감東國通鑑》, 《동사강목東史綱目》은 '馬技'로 판독했다.

웅촌면의 진산은 운암산雲岩山이다. 모양이 곰과 같이 닮았다고 해서 웅촌熊村이라 했다는 설이 지배적이다. 웅상에는 천성산, 정족산과 미타암, 회야강의 유상곡수와 우불신사, 은현리 적석총과 하대 고분군, 초정약수가 유명하다.

웅촌은 우시산국을 소재로 한 선사문화유적 관광상품 개발의 최적지다. 원시와 현대, 과거와 오늘을 경험할 다양한 교육 현장이다. '우시산국 역사문화촌!' 소재는 충분한데 가공이 덜 됐다. 아직 원석 그대로 남아 있다.

오늘도 웅촌을 걷는다마는 역량이 부족하고 공부는 더디다. 웅촌은 말로 다 표현할 수 없는 시문처럼 잡힐 듯 잡히지 않는 경화수월鏡花水月이다.

'언양'이란 땅이름

　'언양'이란 지명은 어디에서 비롯된 이름인가. '水之北曰陽 山之南曰陽'이라는 원리를 따르는 게 옳겠다. 산의 북쪽은 그늘진 곳이므로 음陰이라 하고, 남쪽은 해가 잘 들어 양陽이라 했다. 반대로 강의 북쪽은 양이고 남쪽은 음이다. 이는 여름 장마로 강이 자주 범람하는 중국 황하 지역의 특성상 강가에 제방을 쌓았는데 북쪽 제방에는 햇볕이 잘 들고, 남쪽 제방은 그늘이 지기 때문에 그랬다고 한다. 이를테면 중국의 낙양洛陽은 낙수洛水의 북쪽이고 서울의 옛 지명인 한양漢陽은 한강의 북쪽이란 뜻이다. 언양의 진산은 북쪽에 있는 고헌산이다. 언양은 고헌산의 남쪽에 있는 땅이니 '헌+양'이 되었고 '헌'의 옛 음이 '언'이었다고 본다. 그러니 '언양'은 고헌산 아래 양달진 곳이란 말이다.

　땅 이름은 대부분 산, 들, 하천의 생김새나 위치와 크기를 유추해 만들어졌다. 산 앞에 있는 마을은 산전, 들 가운데 있으면 중말, 서낭당이 있는 고개는 당고개, 산등에 있으면 등말리, 만디이, 만당이고 바다끝 북쪽 동네는 부락끝(弗末), 지경地境이라 하면 자연스럽다.

흔히 곶을 '곶'으로 발음하는 경우가 많은데 잘못이다. 곶串은 바다쪽으로 좁고 길게 내민 땅, 육지의 끝이다. 간절곶이 그런 모양이다. 일제 때는 간절갑이라 했다. 방어진과 강동 화암花巖에 있는 꽃바위는 '곶'처럼 튀어나온 바위이니 곶 바위가 맞다. 반구 반천 반곡 반계란 지명의 반 자는 넓고 평평한 큰 바위를 뜻하는 반석에서 따온 것이다. 다개, 다전은 차와 연관이 있을 것이고 신전 새말 새터 신기 새치 신흥 신남은 새마을 또는 새터로 조성해 만든 마을이라고 알면 된다. 염포는 소금이 많이 난 곳이고 병영은 경상좌도병마절도사영에서 가져왔고 태화동은 태화사 창건 설화에서 가져온 이름이란 것은 누구나 아는 사실이다.

《고려사》나 《세종실록》, 《신증동국여지승람》을 보면 신라 경덕왕 16년(757)에 거지화현居知火縣을 헌양현으로 개명했다. 고려 이후에도 그대로 부르다가 1143년에 언양으로 고쳤다. 중심지는 언양읍성이나 인근 상북면 천전리 일대였을 것이란 설이 있다. 1018년에 울주의 속현이 되었다가 1143년 울주에서 분리해 언양현이 되었고 1895년에 언양군으로 승격되었다가 1914년 3월 1일 울산군 언양면으로 14개 리를 관할하면서 이후 울주군의 가장 큰 고을이 되었다. 대학자 정몽주 선생의 유배지가 되면서 언양다운 이름으로 유명해지면서 이른바 퀀텀 점

프를 한 것으로 추정한다.

　언양은 일찍이 유학 등 신학문 신사상은 물론 천주교 동학, 증산교 등 종교를 빨리 받아들였고 독립만세운동을 울산의 어느 곳보다 먼저 진행한 곳이다. 야학이나 근대교육, 소년 청년운동 등 사회운동도 울산에서 가장 활기를 띤 선진지였던 곳이 언양이다. 유구한 역사와 문화가 바탕이 되어 이미 문흥文興의 조건이 갖춰졌던 곳이라고 봐야 한다. 그러니 어느 해설자처럼 "선비가 사는 양지바른 땅"이라 해도 전부 잘못된 것은 아니리라.

　화장산에 올라 소부당과 세이지, 염천을 보며 언양을 조망하면 산 좋고 물 좋고 정자까지 좋은 땅이란 것을 알게 된다. 장풍득수藏風得水의 지형, 이런 땅엔 인심이 좋을 수밖에 없으니 예부터 언양 사람들은 모진 말을 할 줄 모르고 남에게 그리 빚지고 살지 않는다고 한다.

마등오는 어디인가

경상도는 경주慶州와 상주尙州의 머리글자를 합하여 만든 이름이다. 1106년(고려 예종 원년) 처음 사용하다가 1407년(조선 태종 7) 좌, 우도로 나누었다. 낙동강 동쪽을 좌도, 서쪽을 우도라 했는데 경복궁의 왕이 '남면南面' 즉, '왕은 남쪽을 바라보고 앉는다.'하는 전통 방위 개념에 따른 것이다. 남쪽이 앞에 해당하고 북쪽은 뒤, 동쪽이 왼쪽(좌), 서쪽은 오른쪽(우)이다. 그래서 '남면북배南面北背와 남면지존南面之尊'이란 말이 나왔다.

마을 이름에도 '동서남북'을 붙였다. 좌병영과 언양(고현산 남쪽) 남목 동대산 서생 남창 서창과 강동 농동 농서 그리고 두동 두서 두북 남산 온남 온북 같은 지명이 방위를 기준으로 만들었다. 서울의 강동과 강서, 강남, 강북구는 한강을 기준으로 방위에 맞춰 정한 것이고 미국의 사우스·노스캐롤라이나와 웨스트 버지니아, 일본의 홋카이도, 기타 큐슈나 중국의 하이난(海南)도 같은 사례다.

방위명이 변한 지명은 한눈에 파악하기 어렵다. 울산의 '마등오麻等 烏'란 지명이 그렇다. 마등오는 《삼국유사》에 처음 등장한다. 신라 초기 사로 6촌 가운데 하나인 돌산고허촌突山高墟村을 설명하면서 "고려 태조가 남산부라 고쳐 구량벌仇良伐과 마등오麻等烏 도북道北 회덕廻德 등 남촌을 같이 소속시켰다."라고 기록했다.《삼국유사》천룡사조에는 麻 자를 馬로 고쳐 馬等烏村 으로 표기해 놓았다.

신라는 애초에 6촌으로 출발했다. 박혁거세가 건국하기 전에 서벌 6촌, 신라 6부, 진한 6부라 불렸던 6개의 촌락을 말한다. 울산에도 신라 6부 소속의 땅이 있었는데 경주와 인접한 두동면 마등오가 대표적이다.

그러면 마등오는 지금의 어느 마을인가. 경주를 중심으로 남서쪽은 두동 두서 지역이다. 馬는 마파람(남풍)처럼 남쪽을 가리키는 차자로 본다. 마채염전, 삼남읍 마산 같은 지명이 그러한데 양주동은 "南의 옛말 '마'는 맞은편의 '맞'과 같은 말로 북방 민족이 남쪽으로 이동하면서 앞쪽(對方)을 뜻하는 마로 불렀다."고 해석했다. 압(앞)록강의 옛 이름 馬訾水는 맛 내(南川)의 차자요 마한 같은 백제 지명에 馬를 머리에 붙인 경우도 남쪽이란 뜻이라 한다. 남풍을 마파람이라 하는 것도 그런 흔적이다.

等은 들野이고 烏는 어귀, 즉 입구란 뜻이다. 마등오는 '경주 남쪽 들어귀'쯤으로 해석된다. 마들귀, 남들 어귀라 해도 된다. 마들귀 동쪽은 치술령이고 연화산은 서쪽에 있고 국수봉은 남쪽에 있다. 북은 치술령 지맥으로 둘러싸인 곳, 지금의 두동이다. 두동면 은편과 만화, 이전을 마등 3동이라 하거나 삼정리를 마등오라 불렀다는 설도 있지만, 종합하면 마등오는 오늘날 경주 들머리인 두서면 구량리가 맞겠다.

김잠출 수필집
에세이로 읽는
울산史 100장면

인쇄 2025년 11월 10일
발행 2025년 11월 14일

지은이 김잠출
발행인 서정환
펴낸곳 수필과비평사
주 소 서울시 종로구 삼일대로 32길 36(운현신화타워 빌딩) 305호
전 화 (063) 275-4000
팩 스 (063) 274-3131
이메일 essay321@hanmail.net
출판등록 제300-2013-133호
인쇄·제본 신아문예사

저작권자 ⓒ 2025, 김잠출
이 책의 저작권은 저자에게 있습니다. 서면에 의한 저자의 허락 없이 내용의 일부를 인용하거나 발췌하는 것을 금합니다.
COPYRIGHT ⓒ 2025, by KimJamchul
All right reserved including the rights of reproduction in whole or in part in any form.

저자와 협의, 인지는 생략합니다.
잘못된 책은 바꿔 드립니다.

ISBN 979-11-5933-610-2 (03810)
값 15,000원

Printed in KOREA

이 책은 울산광역시, 울산문화관광재단 '2025년 예술창작활동 지원사업'
의 지원을 받아 발간되었습니다.